Davide Frezzato

Cabina de control
Visión sobre Caravaggio

Proscenio

¿Otra vez más un libro dedicado a Caravaggio?
¿No se dijo bastante ya?

¡Parece que se haya dicho demasiado!

Hoy Caravaggio es uno de los artistas más queridos de la escena cultural italiana y desempeña el papel de uno de los personajes principales de la cultura nacional-popular. Sin embargo, en su vida de artista (mucho más larga que la de ser humano) también tuvo que soportar el difícil momento del olvido.

Encontrarse para hablar de su Arte una vez más tiene un gran valor. Miguel Angel Merisi ha creado obras tan ricas y llenas de significados que uno no puede permitirse el lujo de circunscribirle a un movimiento artístico, ni sus obras pueden encontrar una única interpretación. Mucho se ha dicho basándose en prejuicios biográficos y no observando sus obras en silencio. Caravaggio nos habla, a veces con un leve susurro, y nos cuenta de sí mismo en todo lo que ha hecho.

En estas páginas me gustaría acompañarlos a descubrir el espectáculo que protagonizó Merisi; por eso evitaré en lo posible hablar de interpretaciones y obras de las que ya se ha hablado mucho, quizás incluso demasiado. El excelente trabajo de historiadores y críticos que han ofrecido su guía en el conocimiento y comprensión de sus lienzos, sin embargo, a veces necesita un pequeño cambio. El mito de Caravaggio debe ser revisado, considerando que más que un pintor fue un director de teatro muy talentoso, que inmortalizó en sus lienzos el esfuerzo de actores (a veces aficionados) comprometidos en interpretar papeles históricos y religiosos.

Por eso pensé en escribir este libro de acuerdo con la terminología teatral, casi como si fuera un guión. Solo acercándonos a sus obras con la expectativa del público en el teatro podemos apreciar plenamente algunas de sus elecciones compositivas y comprender mejor algunas interpretaciones que fácilmente pueden permanecer ocultas entre las pinceladas del maestro lombardo.

En algunos aspectos de su Arte estaré esencialmente en desacuerdo con lo dicho hasta ahora y en algunas ocasiones me permitiré tomar posiciones diametralmente opuestas con respecto a la interpretación habitual de sus obras. El debate dialéctico, incluso violento, pero nunca mal educado, es necesario para que podamos seguir creando y dejar fluir sangre nueva en el Arte y ofrecer esas fuerzas conflictivas que conducen a la creación de obras únicas.

Creo que es hora de ponernos cómodos en nuestro sillón un poco estrecho tapizado en terciopelo rojo oscuro, apagar el móvil y recordar roncar en voz baja: se levanta el telón, comienza el espectáculo.

Buena visión para todos desde la cabina de control.

ACTO UNO

Escena I:
Señoras y señores, el director

Encontrar un acuerdo entre quienes consideran prioritario el conocimiento de la vida privada de un artista para comprender su Arte y quienes dicen que la vida artística y privada debe dividirse y el uno nunca debe influir en las consideraciones que se puedan tener sobre su trabajo artístico es una empresa casi imposible.

Los expertos en Historia y Crítica del Arte están divididos en este.

A veces parece posible llegar a un acuerdo entre las dos facciones, sin embargo, a veces parece una utopía inalcanzable.

Entre las páginas de este libro veremos cómo sea correcto adoptar ambos criterios, obviamente en base a los casos que surgirán de vez en cuando.

El primer acto de este espectáculo tiene como protagonista la presentación de Caravaggio, un hombre que hizo de la pintura el centro de su existencia.

La palabra "espectáculo" a menudo aparecerá en las páginas de este libro; es una de las claves de interpretación que puede revelar el mundo artístico de Caravaggio.

No es fácil emprender un nuevo camino vinculado al conocimiento e interpretación de las obras de un artista. El esfuerzo que se nos pide es salirnos de los esquemas bien establecidos de la literatura crítica para no mirar demasiado al pasado, ¡sino proyectarnos hacia adelante!

Para utilizar una imagen de alpinista, debemos salir del camino marcado y seguir uno nuevo, un poco más difícil y desafiante pero que ofrecerá una vista espectacular del paisaje artístico de Caravaggio.

Volvamos ahora a la interpretación: "espectáculo".

Esta palabra es el origen de otra palabra de uso común: teatro. Una vez más, para comprender mejor el tema debemos recurrir al griego: θέατρον (théatron), que significa "espectáculo". Un aspecto que no se puede pasar por alto es que también encontramos la misma raíz en el verbo griego θεαομαι (theàomai), que significa "ver".

Estas dos palabras son la descripción más concisa y veraz de toda la obra de Caravaggio. Su Arte es, en efecto, un espectáculo y su visión personal de la realidad y los temas destacados de la vida.

Si comenzáramos a observar las obras de Caravaggio a través del filtro de estas interpretaciones, muchos aspectos aparentemente incomprensibles de sus obras se volverían comprensibles.

Por eso debemos esforzarnos por observar sus lienzos con una sensibilidad diferente a la que estamos acostumbrados.

Para hacer todo esto, no lo ocultemos, se requiere un considerable acto de valentía. Cuestionar estudios anteriores puede resultar incómodo. Sin embargo, si lo pensamos bien, la evolución humana avanza siempre cuestionándose y molestando.

¿Por qué no intentarlo?

Por otro lado, no sabemos lo que nos espera, podríamos caer en un callejón sin salida o tal vez no. En ambos casos habrá sorpresas, esto es poco pero seguro.

Escena II:
El misterio de un nombre

Antes de empezar a hablar libremente sobre Miguel Angel Merisi, es necesario aclarar un aspecto importante vinculado a su nombre. Para la mayoría, incluso entre los literatos o presuntos tales, las razones que lo llevaron a elegir su nombre artístico siguen sin estar claras: Caravaggio.

En el Arte, solo los más grandes pueden tener el lujo de ser recordados con su primer nombre. Si pensamos en las mentes más finas del panorama intelectual italiano no podemos dejar de recordar a Leonardo, Dante, Miguel Ángel y el primer gran recomendado en la Historia del Arte que fue Rafael (perdón si choqué de refilón contra al pobre Sanzio así, quizás otra vez podré explicar esta idea más profusamente).

Todos estos grandes personajes son universalmente conocidos solo por su primer nombre, ya que son los más dignos de importancia que han traído ese nombre en la historia de la humanidad.

El pobre Miguel Ángel Merisi ha tenido que llevar el nombre de aquel Miguel Ángel Buonarroti que para todos nosotros es, más simplemente, Miguel Ángel. Sin duda, la figura de Miguel Ángel es una piedra angular del desarrollo artístico no solo italiano sino europeo. Ante tanta importancia y singularidad, su tocayo lombardo solo pudo optar por un nombre artístico, ya que no solo habría sido imposible superar la importancia del maestro florentino, sino que hubiera sido improbable (y así fue) igualar su grandeza.

Así, la elección recayó en un pequeño pueblo cerca de Bérgamo: Caravaggio, de hecho.

Y así fue como comenzaron los problemas debido a una serie infinita de inferencias basadas en una gran inexactitud, errores que continuaron hasta que Vittorio Pirami (ex gerente de Fininvest) durante una investigación amateur sobre los pintores que trabajaban en la ciudad de Milán dio espacio a verdad. En su investigación en el Archivo Diocesano, Pirami se encuentra con un documento conservado en muy malas condiciones, tanto que para leerlo se ve obligado a utilizar una lámpara de Wood; más conocida como lámpara UV (la que se usa en las películas para detectar rastros orgánicos en la escena de un crimen).

Después de la lectura aventurera de este documento, se descubrió una información incómoda, inmediatamente opuesta por quienes representan a la ciudad de Bérgamo, que convirtió al pintor en un verdadero producto típico.

El documento da fe, de hecho, del nacimiento de Miguel Ángel Merisi en la parroquia de Santo Stefano en Milán, bautizado en la iglesia milanesa de Santo Stefano en Brolo el 30 de septiembre de 1571. Este documento ciertamente no es un golpe inesperado; ya el conocido Roberto Longhi (un importante historiador del Arte nacido en Alba en 1890 y muerto en Florencia en 1970) había planteado la hipótesis de que Miguel Ángel Merisi no había nacido en la zona de Caravaggio de Bérgamo, sino que era natural de la capital lombarda.

Para Longhi, el nombre también podría ser significativo para reconstruir la fecha de nacimiento del pequeño Miguel Ángel, que probablemente salió a la luz el 29 de septiembre, día de la fiesta de San Miguel Arcángel.

El texto del documento dice:

«*Adi 30 fu batz.o [battezzato] Michel angelo f[ilio] de d[omino] Fermo Merixio et d[omina] Lutia de Oratoribus/ compare d[omino] Fran[cesco] Sessa*».[1]

---

[1] "Hoy 30 Miguel Ángel hijo del Sr. Fermo Merisi y la Sra. Lutia de Oratoribus fue bautizado/compañero Sr. Francesco Sessa".

Todo parecería coincidir, pero, obviamente, no todos en el país de Caravaggio están de acuerdo. El alcalde Ettore Pirovano en el momento de la publicación del documento, disputa los datos, diciendo que Miguel Ángel Merisi siempre ha afirmado ser natural de Caravaggio. Como si las palabras de un artista valieran tanto como un documento. Es bien sabido que la biografía de un artista (a menudo también una autobiografía) se elabora a la perfección por necesidad o puro placer; todos los que están a la defensiva al respecto no pueden dejar de tener en cuenta una posible necesidad por parte de Caravaggio de "cambiar" su historia personal.

Lo que queda indiscutible es un documento reconocido universalmente, conservado en el dudoso país natal: el certificado de matrimonio de los padres. Ambos padres nacieron en Caravaggio y fueron parte del alta sociedad. No debemos olvidar que su testigo de boda fue el marqués de Caravaggio y el conde de Galliate: Francisco I Sforza. Tenemos que preguntarnos si el cariño por la familia de origen (o la posibilidad de poder aprovechar una condición facilitada dado el trasfondo social de los padres) lo llevó a tomar la misma decisión de otro ilustre lombardo: el menos conocido Pietro Martire d'Anghiera. Historiador que fue el primero en escribir un informe sobre el Nuevo Mundo y se comprometió a difundir el uso del maíz en nuestro continente. Nacido en Arona, en la orilla piamontesa del lago Maggiore, decidió ser reconocido como nativo de Angera, una ciudad en la costa lombarda, en honor a los orígenes de sus padres. Un caso más conocido es el de Carlo Lorenzini que eligió el nombre del lugar de nacimiento de su madre para firmar una de las obras literarias más conocidas del mundo: Pinocho, firmado con el nombre de Carlo Collodi.

Creo que los habitantes del pueblo tan aficionados a Caravaggio (por razones obvias) deben aceptar esta posibilidad, que es más que una certeza.

Se notará que a menudo me tomo la libertad de dirigirme a Caravaggio por su nombre de pila dada la profunda amistad que me une después de tantos años en su agradable compañía.

Dedicarse al estudio de un artista significa hablar con él, discutir (a veces muy animadamente) sus elecciones, discutir y sentarse en una mesa a tomar una copa juntos.

Quien crea una obra de Arte logra superar la barrera del Tiempo y el Espacio y está siempre presente junto a su obra. Siempre hay muchas charlas con Miguel Ángel, superadas en número solo por las agradables discusiones en amistad, que siempre se han resuelto con un brindis a nuestras respectivas saludes.

Creo firmemente en este enfoque hacia el Arte y los artistas; una obra de Arte no es un recordatorio de la técnica o profundidad artística de un gran hombre que ahora ha fallecido, sino un diálogo entre personas vivas, entre las sensibilidades de la vida y el bienestar.

Una promesa: si tuviera que hablar de Miguel Ángel Buonarroti, será mi preocupación nombrarlo correctamente, para no crear una confusión innecesaria.

Escena III:
Un artista de carácter

La formación de un artista, entendida como estudios y primeras experiencias laborales, es fundamental para poder leer sus obras. Evidentemente, también es importante el contexto familiar en el que el futuro artista da sus primeros pasos, los reales y no necesariamente los artísticos.

Ya hemos visto en el capítulo anterior que la familia de Caravaggio podía contar con muchos apoyos políticamente influyentes. Desafortunadamente, no hay muchos datos relacionados con los hábitos y la vida diaria de la familia

Merisi; parte de la información que tenemos en nuestro poder se reconstruye y otras son incluso conjeturas de eruditos.

Lo que sí es cierto, sin embargo, es que el padre de Miguel Ángel se trasladó a Milán por motivos de trabajo y se llevó consigo a su mujer con la que se casó el 14 de enero de 1571. El traslado a la gran ciudad probablemente se debió a que el testigo/protector de la pareja había logrado encontrar un trabajo para Fermo (este era el nombre del padre de Caravaggio) en la Opera de la Catedral. En el mismo mes en que se celebró el matrimonio, se concibió al pintor que se convertirá en el orgullo (aunque se oponga en vida) de la pintura lombarda e italiana. Estos son los hechos biográficos que llevaron al nacimiento del bebé en Milán.

Otro hecho cierto, lamentablemente, es el papel que jugó la enfermedad en la vida de Caravaggio.

La peste de Milán lo dejará huérfano de padre. Curiosamente, este flagelo que durante siglos azotó nuestra Europa también se convirtió en el elemento que une a tres de las figuras más influyentes de la cultura lombarda: Caravaggio, Manzoni y el cardenal Federico Borromeo.

En 1577 la familia de Fermo da Caravaggio regresó a su país de origen para escapar de la peste que se había apoderado de la capital lombarda. Sin embargo, su padre contrajo la enfermedad y murió en poco tiempo, junto con su abuelo Bernardino y su tío Pietro. La epidemia no se desvaneció rápidamente y duró unos 13 años.

Lo antes posible, el joven Miguel Ángel regresó a Milán y comenzó a trabajar en el taller de Simone Peterzano.

Fue un pintor manierista activo en la era de la Contrarreforma. El estilo artístico del maestro de taller y este momento histórico son de suma importancia en la educación de Caravaggio porque influirán fuertemente en su forma de entender la pintura.

El Manierismo es la pura teatralidad de la pintura. Digno descendiente de la exuberancia del Barroco, imprime la exageración de los sentimientos en las figuras humanas. El asombro, el dolor y la alegría se acentúan dando una impresión casi caricaturizada. Un poco como los buenos actores de teatro comprometidos en un esfuerzo a veces muy pesado para asegurarse de que incluso el público al fondo de la sala sea alcanzado por la mímica y la expresión teatral; un aspecto que está cambiando en el teatro contemporáneo, donde se prefiere la naturalidad de la actuación.

Como veremos, el aspecto de la teatralidad es tan fuerte en el Arte de Caravaggio que casi se puede llamar el propio Teatro.

La Contrarreforma, nacida principalmente como respuesta política a una necesidad religiosa, representó un punto de inflexión en las costumbres y la cultura. Desde la represión de San Carlos Borromeo contra los hábitos ligeramente libertinos del clero hasta el uso excesivo del color, la Contrarreforma representó un cambio abismal. Cambio que llevó, entre otras cosas, al nacimiento de la que será la verdadera firma de Caravaggio: el negro.

En el taller de Peterzano, Caravaggio respiró estas ideas y su Arte se formó en ellas. Incluso alrededor de la figura del maestro de la tienda la información no siempre es segura; él mismo se ha firmado en algunas obras como maestro de Tiziano. Un lindo intento de darse más importancia de la que quizás merecía y es curioso pensar que en ese momento era el maestro de un futuro gran nombre del arte italiano y no lo sabía.

La escuela de Peterzano duró cuatro años. En el taller del maestro, Caravaggio aprendió muy bien las lecciones de los grandes artistas de las escuelas lombarda y veneciana; lecciones que pronto alteraría con su estilo personal.

Interesante es lo que escribe Giulio Mancini, uno de los biógrafos de Caravaggio que vivió entre 1558 y 1630:

«Studiò in fanciullezza per quattro o cinque anni in Milano, con diligenza ancorché di quando in quando facesse qualche stravaganza causata da quel calore e spirito così grande»[2].

Desde muy joven, el personaje de Caravaggio fue difícil de manejar, tanto por su lado temperamental y animado como por su espíritu innovador y poco adecuado para seguir las reglas académicas. Muchas de sus obras deben leerse a la luz de su fuerte personalidad; esta es la única manera de entender algunas elecciones apresuradas y decididamente poco ortodoxas.

El contrato que firmó su madre con Peterzano terminó en 1588. Hasta 1592 Caravaggio permaneció en Lombardía, pero no disponemos de documentación suficiente para poder reconstruir sus actividades en los últimos años. Basado en la reconstrucción de Giulio Mancini, la madre de Caravaggio murió en Milán el 29 de noviembre de 1590; la fecha se puede

---

[2] "Estudió en la infancia durante cuatro o cinco años en Milán, con diligencia, aunque de vez en cuando hacía alguna extravagancia provocada por esa calidez y espíritu tan grande".

reconstruir gracias a los documentos relacionados con la división de la herencia de la mujer.

Hacia mediados de 1592, Caravaggio abandonó la Lombardía y se fue a Roma. Según los documentos conservados en el Archivo del Estado de Roma sabemos que hasta 1496 Caravaggio era un espíritu muy inquieto. No pudo permanecer permanentemente en la Ciudad Eterna, sino continuó moviéndose.

Mucho más fascinante es la teoría de Giovan Pietro Bellori (historiador del Arte y escritor nacido y vivido en Roma entre 1613 y 1696). En sus obras, el joven Merisi se describe como un joven pintor

«*d'ingegno torbido e contentioso*»[3].

Debido a no bien definidas

«*discordie*»[4]

parece que Caravaggio tuvo que salir de Milán y así ha llegado

---

[3] "de ingenio turbio y contenido"

[4] "discordias"

> «*in Venetia ove si compiacque tanto del colorito di Giorgione, che se lo propose per iscorta nell'imitatione*»[5].

Bellori también habla de Venecia en su biografía. Sin embargo, él dice que el viaje se hizo junto a Peterzano y haya sido muy corto. Esta versión de los hechos aún es muy debatida entre los historiadores del Arte porque lamentablemente no está respaldada por ningún tipo de documento.

Sin duda, el Arte de Caravaggio le debe mucho a la Escuela Veneciana; su estilo está fuertemente ligado al de Giorgione, Tiziano y Tintoretto. El hecho de que Merisi pudiera conocer en profundidad esta sensibilidad artística también es históricamente explicable: las fronteras geográficas de la Serenísima llegaban hasta Bérgamo.

Roberto Longhi también atribuye una fuerte influencia en el Arte de Caravaggio a los maestros lombardos, especialmente los de la zona de Brescia, entre los nombres más importantes que cita Foppa, Bergognone, Savoldo, Moretto y Romanino.

Aunque escasos, los datos sobre la formación de Caravaggio nos ofrecen una interpretación importante para observar sus bellas obras con una fuerza a veces inquietante.

Caravaggio se enfrenta a nombres de alto calibre con respecto a la Escuela Veneciana, que en este período alcanzó un altísimo nivel artístico. Al mismo tiempo, la Lombardía es una tierra que recibe influencias del exterior (Florencia era en

---

[5] "en Venecia, donde estaba tan complacido con el color de Giorgione que lo propuso por elección en imitación"

ese momento la capital de un estado extranjero, no lo olvidemos) y es un interesante cruce donde parece difícil establecerse. La inquietud de Caravaggio lo llevó a moverse para ser más atrevido, a convertirse en alguien.

Sus pinturas nunca son demasiado fieles al tema representado; deben verse como una imagen interior de la mente y la personalidad de Caravaggio y su mundo, hecha de mundanalidad y límites a superar, incluso en contra del tranquilo sentido común.

No hay pincelada de Caravaggio que no pueda leerse como un himno al éxtasis. Todo es tensión y vida, sangre y corporalidad. Todo, en su Arte, nos habla de la perpetua lucha interna que anima el espíritu de Caravaggio desde su más tierna edad.

Ningún loco, ningún violento (como lo han descrito demasiados historiadores para facilidad) sino una persona inquieta que no puede aceptar las reglas de la academia sin cuestionarlas; que no puede aceptar dogmas porque bloquean la capacidad humana de comprender y representar.

Este fuerte carácter anima las obras de Caravaggio que, quizás más que nadie, logró infundir vida al Arte.

Su propia vida y cosmovisión.

Escena IV:
En el borde del centro de la sociedad

Normalmente nos vemos llevados a asociar la figura de Caravaggio con las tabernas oscuras y humeantes, frecuentadas por personas que vivían al margen de la sociedad.

Esto no está lejos de la realidad. A Caravaggio le gustaba mucho asistir a ese mundo, y también lo utilizó como escenografía para muchas de sus escenas, incluidas las religiosas.

El suyo es el perfil típico de un probable asesino, violento, amigo de prostitutas y delincuentes. En pocas palabras, un paria de la sociedad que también encontró tiempo para pintar entre una puñalada y otra.

¿Pero fue realmente así Caravaggio?

No lo creo. O, mejor dicho, no completamente.

Sin duda, Caravaggio tuvo un carácter muy fuerte e irascible, lo que derivó en episodios de violencia. Esto también lo podemos ver en su caligrafía, que fue analizada por la Dr. Evi Crotti, confirmando lo conocido.

Además de su incapacidad para manejar la ira, han surgido detalles interesantes. Según el estudio de la Dr. Crotti, la particular conformación de la "M" mayúscula y el ligamento "ch", además de la presencia de letras angulares, denotan cierta ostentación y también una marcada creatividad. De cierta importancia es la fluidez del trazo (a pesar de las muchas manchas que dejó en el papel) lo que destaca su tendencia a no poder esperar; una personalidad constantemente acompañada de ansiedad.

Una persona con un carácter similar no es una empresa fácil y por eso se mantuvo lo más alejado posible de las suntuosas cortes, que eran frecuentadas tranquilamente por personajes como Rafael y donde ni siquiera Miguel Ángel Buonarroti se sentía muy cómodo.

Sin embargo, Caravaggio también frecuentó la "buena sociedad" de la capital y aún más allá.

En particular, era amigo del cardenal Francesco Maria del Monte a quien había conocido en 1597 y que se convirtió en un verdadero ángel de la guarda de Caravaggio. Además de haberle comprado algunos cuadros, incluidos los famosos *Jugadores de cartas*, también hizo mucho más: lo llevó a trabajar a su casa durante unos tres años.

Incluso según Bellori, el cardenal del Monte es en parte responsable de su ascenso social y artístico, de hecho

«ridusse in buono stato Michele e lo sollevò dandogli luogo onorato in casa fra i gentiluomini»[6].

Es gracias a esta amistad tan influyente que Caravaggio se encuentra en el centro de los salones de la alta nobleza romana.

Este ascenso social es fácil de ver incluso en los lienzos pintados. Al principio, de hecho, no teníamos lienzos de gran tamaño y su estilo pictórico estaba orientado principalmente a la creación de pequeños retratos (no de cuerpo entero, claro) y los temas eran bastante sencillos.

Ahora, gracias a los encargos de su influyente mecenas, los lienzos son mucho más grandes y los temas pintados son cada vez más complejos. Los lienzos están llenos de un número creciente de personajes - el *Descanso en la huida a Egipto*, por así decirlo, se hizo en este período y ya no ofrecen una lectura inmediata y simplificada. Todo esto hizo que su fama creciera exponencialmente hasta convertirse incluso en un mito viviente.

Caravaggio, como también veremos en algunas de sus obras, era un excéntrico y a pesar del nuevo estatus social que alcanzó, siguió holgazaneando en los barrios bajos. Pero no

---

[6] redujo a Miguel a un buen estado y lo subió, dándole un lugar honorable en la casa entre los caballeros

podemos simplemente relegarlo a las tabernas en nuestra imaginación.

Las amistades influyentes nunca faltaron en la vida de Caravaggio. No olvidemos que, a pesar de sus problemas con la ley, Miguel Ángel fue ayudado por la nobleza y la poderosa orden de los Caballeros de Malta a escapar de la dura sentencia que se le impuso, principalmente por razones políticas, tras el asesinato de Ranuccio Tommasoni de Terni: la decapitación que podría realizar cualquiera que incluso lo encontrara en la calle.

Entre sus amistades importantes hay que recordar al embajador de Francia, quien lo había tomado directamente bajo su protección personal. Esta amistad fue muy peligrosa para Caravaggio; de hecho, cuando mató a Ranuccio, quien pertenecía a una familia filoespañola, su sentencia se agravó por su cercanía al mundo francés.

Tras la sentencia ya no le fue posible a Caravaggio vivir en la Capital. Entonces decidió escapar, no es una tarea fácil, pero con los amigos adecuados no es imposible, por supuesto.

Gracias a la ayuda del príncipe Felipe I Colonna (una de las familias más importantes y poderosas de Roma), Caravaggio logra encontrar un refugio y esconderse. El príncipe, de hecho, lo acogió en uno de sus feudos romanos: el territorio bajo su dominio se expandió entre Marino, Palestrina, Zagarolo y Paliano.

La huida de Caravaggio fue una perfecta orquestación entre varios miembros de la familia Colonna (todos dirigidos por Felipe I) que testificaron lo falso al señalar la presencia de Caravaggio en la ciudad donde nunca había estado. En poco tiempo sus huellas se perdieron, lo que le permitió llegar a los barrios españoles de Nápoles, la ciudad donde residía una rama de la familia Colonna: los Carafa-Colonna.

En la ciudad napolitana, Caravaggio vive una época muy feliz, a pesar de la pena de muerte que pende sobre su cabeza. En este período trabaja mucho y unos de sus cuadros también acaban en Flandes.

También gracias a la intercesión del poderoso Colonna, Caravaggio logra llegar a Malta donde no solo se pone en contacto con la prestigiosa Orden de los Caballeros de Malta, sino que también se convertirá en un novato y se le otorgará el título de "caballero de gracia", título que podría alcanzar después de noviciado. Solo para ser misteriosamente encarcelado y, en consecuencia, removido.

¿Era posible que la poderosa orden no supiera nada de su sentencia de muerte? Es un poco difícil de creer.

La verdad podría esconderse, una vez más, detrás de su mal genio. Parece, de hecho, que Caravaggio se peleó muy duro con un caballero de rango superior al suyo y, en consecuencia, lo expulsó con deshonra.

Es muy probable que la disputa no estallara tras el descubrimiento de las fechorías pasadas de Caravaggio y su sentencia de muerte. La envidia, los celos o el resentimiento podrían haber llevado a los dos a la riña y a una consiguiente picota social, que evidentemente volvió a recaer sobre quienes siempre han mostrado su lado indomable y violento.

En medio de varios altibajos, Caravaggio aterriza en Sicilia donde encuentra refugio en casa de Mario Minniti, un viejo amigo suyo y también pintor. Obviamente, importantes encargos, incluso de los Dorias, no tardaron en llegar.

El regreso a Nápoles es casi una obligación, ya que tiene una deuda difícil de saldar con los Colonna y la marquesa Costanza le abre las puertas de su palacio en Cellammare.

Los contactos de Caravaggio le permiten llegar al Papa (no debemos olvidar que la familia Colonna también alcanzará el papel de sucesores de Pedro) para pedir la amnistía papal de la sentencia.

Por otro lado, lo sabemos muy bien, Italia es efectivamente el hogar de santos, ladrones y navegantes ... pero también de amnistías de todo tipo.

Y la libertad, por supuesto, tiene un precio, que Caravaggio negocia con el cardenal Scipione Borghese: lienzos (obviamente). Como en las mejores sagas, el cargamento se pierde y Caravaggio ofrece un barco para poder recuperarlo son los Orsini, una de las familias principescas y papales más antiguas de Roma.

Finalmente, después de tan agotador trabajo de diplomacia y la compra de favores, todo está listo. Una vez pagado, llegará la gracia papal.

Y sucede lo impredecible.

La muerte tocará a la puerta del hombre más irascible y diplomático que se pueda conocer y frustrará todo.

Está claro que no podemos seguir pensando en Caravaggio como un paria que va a tabernas y prostitutas. Todos estos contactos, todos estos favores presuponen evidentemente una serie infinita de intercambios de favores y obsequios (principalmente obras de Arte), pero también una cierta asistencia. Además, no olvidemos que con demasiada frecuencia olvidamos que los orígenes de Caravaggio no son precisamente humildes y "normales".

Un noble en la cima. Ese es nuestro Caravaggio.

Escena V:
Un largo rastro de violencia

Que nuestro Caravaggio no era la espinilla de un santo, ciertamente no necesitamos decírnoslo.

Es curioso, a decir verdad, ver cuál era realmente el estado de los antecedentes penales de nuestro pintor.

Puedo decirles que, entre delitos menores y más graves, su situación sería la envidia de un criminal profesional, aunque no sepamos mucho sobre sus aventuras con discapacidades en Milán. Hemos visto en capítulos anteriores que desde muy joven mostró un temperamento que se calentó muy fácilmente. Fiables o no, las consideraciones de Bellori, según las cuales ciertamente se había dado a conocer en Milán por su falta de mansedumbre, no parecen tan abstrusas.

Con su llegada a Roma, en un entorno ajeno al protectorado milanés garantizado en parte por su apellido, Caravaggio no tardó en hacerse un nombre entre los violentos.

El primer episodio tiene lugar en la prestigiosa residencia del Cardenal Del Monte el 28 de noviembre de 1600. Aquí también había un noble prelado, invitado del cardenal, que se llamaba Girolamo Stampa de Montepulciano, quien fue literalmente golpeado por Caravaggio. No sabemos exactamente qué desencadenó esta violenta pelea entre los dos; es cierto que no tenemos mucha dificultad en imaginar a nuestro querido Caravaggio en una situación similar. Evidentemente el noble prelado golpeado denunció al pintor.

En las cárceles de Tor di Nona la presencia de Caravaggio se consideraba la norma. Debido a múltiples cargos, a menudo fue arrestado y llevado aquí esposado; entre las causas hubo un número creciente de denuncias por peleas, violencia y ruidos.

Con todo, era un artista maldito ante litteram, simplemente le faltaba la famosa absenta y habría estado perfecto sentado en un bar parisino del siglo XIX.

Unos meses después, en 1601, salió de la cárcel y se dedicó a pintar con un poco más de tranquilidad.

Incluso si los problemas con la ley no tardaron en volver.

De hecho, en 1603 fue nuevamente condenado. Esta vez la ofensa en su contra fue difamación. A Giovanni Baglione, pintor romano nacido en 1573 y fallecido en 1643, no le gustaban para nada algunas rimas que Caravaggio había escrito en compañía de sus seguidores Orazio Gentileschi (padre poco simpático de la más famosa Artemisia) y Onorio Longhi.

En los Archivos de Estado de Roma no solo se encuentran los documentos incautados relacionados con la queja, sino también los testimonios de los tres pintores que fueron demandados por el pobre Baglione; un pintor que, seamos sinceros, es recordado sobre todo por la queja y no tanto por su Arte.

Como veremos, las rimas escritas por los tres artistas son decididamente goliardescas, casi por universitarios que arremeten contra un pobre novato.

Durante el juicio, el magistrado recoge la deposición de Caravaggio, que en algunos momentos es una verdadera disquisición relacionada con su idea del Arte:

«*Quella parola, valent'huomo, appresso di me vuol dire che sappi far bene, cioè sappi far bene dell'arte sua, così un pittore valent'huomo, che sappi depinger bene et imitar bene le cose naturali*»[7].

Además, también recoge sus críticas a quienes no define como pintores:

---

[7] "Esa palabra, hombre valiente, para mí significa que sabe hacerlo bien, es decir, sabe hacerlo bien con su arte, como un pintor hábil que sabe pintar bien e imitar bien las cosas naturales".

> «Li valent'huomini sono quelli che si intendono della pittura et giudicaranno buoni pittori quelli che ho giudicato io buoni et cattivi; ma quelli che sono cattivi pittori et ignoranti giudicaranno per buoni pittori gl'ignoranti come sono loro»[8].

Volvamos ahora a los dos textos acusados:

> «Gioan Bagaglia tu non sai un ah
> le tue pitture sono pituresse
> volo vedere con esse
> che non guadagnarai
> mai una patacca
> che di cotanto panno
> da farti un paro di bragesse
> che ad ognun mostrarai
> quel che fa la cacca
> porta là adunque
> i tuoi desegni e cartoni
> che tu ai fatto a Andrea pizicarolo
> veramente forbetene il culo
> alla moglie di Mao turegli la potta
> che [...] con quel suo cazzon
> da mulo più non la fotte

---

[8] "Los hombres valientes son los que entienden de pintura y juzgarán buenos pintores aquellos quienes yo he juzgado buenos y malos; pero los que son malos pintores e ignorantes juzgarán como buenos pintores los ignorantes como ellos".

> *perdonami dipintore se io non ti adulo*
> *che della collana che tu porti indegno sei*
> *et della pittura vituperio»*[9].

El segundo dice:

> «*Gian Coglion senza dubio dir si puole*
> *quel che biasimar si mette altrui*
> *che può cento anni esser mastro di lui.*
> *Nella pittura intendo la mia prole*
> *poi che pittor si vol chiamar colui*
> *che non può star per macinar con lui.*
> *I color non ha mastro nel numero*
> *si sfaciatamente nominar si vole*
> *si sa pur il proverbio che si dice*
> *che chi lodar si vole si maledice.*
> *Io non son uso lavarmi la bocca*
> *né meno di inalzar quel che non merta*
> *come fa l'idol suo che è cosa certa.*
> *Se io mettermi volesse a ragionar*
> *delle scaure fatte da questui*
> *non bastarian interi un mese o dui.*

---

[9] "Gioan Bagaglia, no conoces un ah/tus cuadros son cosas malas/Quiero ver con ellos/que no ganaras/nunca una moneda falsa/que de tanta tela/para hacerte ropas interiores/que mostrarás a todos/que hace la caca/llevar allí entonces/tus diseños y cartones/que hiciste a Andrea el carnicero/realmente ponlos en tu culo/a la esposa de Mao llénale su coño/que [...] con esa gran polla suya/como un mulo ya no la folla/perdona pintor si no te adulo/que eres indigno del collar que llevas/y del pintar eres una vergüenza."

> *Vieni un po' qua tu ch'e vò' biasimare*
> *l'altrui pitture et sai pur che le tue*
> *si stano in casa tua a' chiodi ancora*
> *vergognandoti tu mostrarle fuora.*
> *Infatti i' vo' l'impresa abandonare*
> *che sento che mi abonda tal materia*
> *massime s'intrassi ne la catena*
> *d'oro che al collo indegnamente porta*
> *che credo certo meglio se io non erro*
> *a piè gle ne staria una di ferro.*
> *Di tutto quel che ha detto con passione*
> *per certo gli è perché credo beuto*
> *avesse certo come è suo doùto*
> *altrimente ei saria un becco fotuto.»*[10].

La picardía siempre ha existido, en todos los niveles de la sociedad y a cualquier nivel cultural. Y como sucede con demasiada frecuencia, caduca en difamación.

---

[10] "Gian cabrón sin duda se puede decir/qué le gusta criticar los otros/quien puede ser su maestro cien años./En pintura me refiero a mi descendencia/entonces que pintor quiere llamarse/que no soporta trabajar con él./Los colores no tienen maestro en números/tan descaradamente que quieres nombrar/también conoces el proverbio que dice/que malditos sean los que se alaban a sí mismos./No estoy acostumbrado a lavarme la boca/ni para admirar a los que no lo merecen/como lo hace su ídolo, que es cierto./Si quisiera razonar/cosas malas hechas por él/un mes o dos enteros no serían suficientes./Ven aquí un rato, tú que quieres culpar/las pinturas de otros y tu sabes que las tuyas/siguen en tu casa a los clavos/te da vergüenza mostrarlas./De hecho, quiero abandonar la empresa/porque siento que este material abunda en mi/especialmente si entro en la cadena/de oro que lleva indignamente alrededor de su cuello/que ciertamente pienso mejor si no me equivoco/al pie debe tener una de hierro./De todo lo que dijo con pasión/seguro que lo hizo porque se veía borracho/tenía seguro como es debido/de lo contrario estaría un poco jodido."

Estos coloridos versos recorrieron la ciudad durante varios meses, antes de que Baglione, incapaz de soportar más la situación, decidiera denunciar a los tres autores; es muy probable que fueron escritos principalmente por Caravaggio y los otros dos fueron solo personajes secundarios en esta escena.

Estas primeras experiencias de juicios y encarcelamientos no ayudaron mucho a Caravaggio, que seguía viviendo al borde de la legalidad, sujeto a una extravagancia cada vez más extrema.

En 1604 entre mayo y octubre, fue arrestado varias veces. Los cargos fueron principalmente por posesión de armas y por insultos a los guardias de la ciudad; es fácil entender que el espíritu de Caravaggio a menudo iba en contra de las reglas y de quienes las respetan o tienen que hacerlas cumplir. Esta rebelión es una característica innata de su carácter y forma de pensar, hasta el punto de que también la encontraremos en muchas de sus obras, tanto a nivel cívico como religioso.

En 1604 fue nuevamente demandado, esta vez por un chico de una taberna donde Caravaggio había ido a comer, pidió un plato de alcachofas (típico de la cocina romana) que acabó en la cara del pobre chico, porque no era de su agrado.

En 1605 incluso tuvo que huir de Roma para refugiarse en Génova, obviamente por otro problema con la ley. Esta vez hirió de gravedad nada menos que a un notario, Mariano Pasqualone de Accumuli, a causa de una mujer llamada Lena, que era amante de Caravaggio. Este caso requirió la intervención de sus protectores romanos quienes, gracias a su influencia, lograron tapar toda la historia y permitieron que Caravaggio regresara a Roma.

Inmediatamente después de su regreso, fue demandado nuevamente; esta vez por la dueña de su casa, la señora Prudenzia Bruni, por no haber pagado el alquiler. Caravaggio, por despecho, esperó a la oscuridad de la noche y se fue a romper las ventanas de la casa de la pobre señora Bruni.

En noviembre del mismo año (1605) se registra un hecho muy curioso en la biografía de Caravaggio; el pintor fue hospitalizado por una herida provocada por una caída accidental sobre la espada que llevaba en la cintura. Si queremos, es un caso muy sospechoso; especialmente si consideramos su vida hasta ahora. Parece que la herida le fue infligida durante un duelo a escondidas o en una emboscada tras una venganza.

El 28 de mayo de 1606 se registró el hecho más grave en la biografía del pintor lombardo. Esa tarde Caravaggio inició un partido de pelota junto a Ranuccio Tommasoni de Terni (una persona que Merisi ya conocía y con quien ya se había peleado varias veces y llegó a golpear). Caravaggio, durante este partido, sufrió una falta cometida por Ranuccio y la pelea no tardó en encenderse; Ranuccio hirió a Caravaggio, quien a su vez lo hirió mortalmente.

En la base de esta disputa, provocada por una falta banal, había algo más; los dos amaban a la misma mujer, Fillide Melandroni, quien les prestó atención a los dos. Incluso parece que esta situación puede haber estallado debido a una deuda impaga; los dos se divirtieron mucho jugando y apostando y Caravaggio pagó sus deudas con gran dificultad. No podemos ignorar también el aspecto político de la situación. La familia de Ranuccio era notoriamente proespañola, mientras que Caravaggio estaba protegido por el embajador francés.

Teniendo en cuenta todas estas diferentes facetas relacionadas con la muerte de Ranuccio Tommasoni, podemos adivinar por qué la sentencia infligida a Caravaggio fue tan dura: la decapitación. Con agravante contra el pintor, la sentencia podría ser ejecutada por cualquiera que encontrara a Caravaggio, aunque simplemente lo hubieran encontrado en la calle.

Estos hechos son importantes para conocer y no para dar rienda suelta a una necesidad generalizada y predominante de los amantes del chisme, sino para comprender las elecciones artísticas del gran pintor lombardo, que con su Arte ha influido no solo en la cultura italiana.

Muchas de las elecciones artísticas de Caravaggio se explican por su carácter fuerte y su tendencia innata a profanar y provocar. Con demasiada frecuencia ha existido el deseo de encontrar mensajes ocultos o ideas revolucionarias; creo firmemente que es más correcto leer sus obras haciendo una referencia constante a su biografía y psicología.

Caravaggio nunca parece haber experimentado un interés por los mensajes y conceptos religiosos, y mucho menos por los histórico-sociales. El pintor lombardo ha dedicado su vida a la búsqueda de la Belleza, decaído según su lenguaje personal, no acogido desde el principio y también caído en el olvido durante algún tiempo. Otro aspecto al que siempre ha sido muy fiel es el de la diversión, las burlas (aunque irreverente) y potencialmente susceptible de enjuiciamiento.

Escena VI:
Una vida en fuga

Como ya hemos visto, una constante en la vida de Caravaggio está representada por la fuga. Desde muy pequeño se vio enfrentado a la difícil experiencia de tener que dejar su hogar, alejarse de los entornos de la vida cotidiana y de sus seres queridos para tener que reconstruir su propio mundo en otro lugar.

De las muchas fugas vividas debido a la peste o su carácter violento, será la provocada por el asesinato de Tommasoni la que despertará en su pintura una mayor sensibilidad sobre el tema de la muerte, además de sorprender más nuestra imaginación.

Este impacto tan visible en sus obras se origina en el atrevido plan de fuga ideado gracias a la complicidad de los Colonna, que lo conducirá a la isla de Malta; un lugar que además de su encanto natural debido a la conformación geográfica de una isla también disfrutó del encanto traído por los Caballeros de Malta, que han bordeado el mito.

Este continuo cambio, esta continua falta de un punto de referencia hizo que Caravaggio no sintiera en su Arte un apego a un maestro o una escuela en particular. Él, como Dante, aprendió el gusto que reinaba en Italia, vivió por placer en los barrios marginales y por extracción familiar e interés económico se pudo encontrar en las residencias más bellas de la nobleza romana. La cultura y la sociedad italiana le pertenecían de manera transversal y supo hablar a las masas como la élite cultural de la época.

También podemos percibir todo esto a partir de sus cuadros, refinados e impregnados por el humo de las tabernas. Caravaggio, incluso cuando tiene que satisfacer los pedidos de un encargo, inserta aspectos personales en sus obras, siempre habla de sí mismo y, sobre todo, de un aspecto muy importante de su forma de concebir el Arte: se divierte.

Las reconstrucciones históricas en sus pinturas, especialmente aquellas con un trasfondo religioso, son en sí mismas obras teatrales nacidas de la inventiva del pintor que parece querer crear un mundo a su propia imagen y semejanza, donde finalmente puede sentirse a gusto y echar raíces.

Si pensamos bien en su vida, siempre ha creado su propia cohorte o, al unirse a las cohortes existentes, se ha convertido en el centro de interés de la vida cultural. Desde la banda de artistas goliardescos demandados por poemas obscenos y calumniosos, hasta su inmenso esfuerzo por ingresar en la Orden de los Caballeros de Malta, Caravaggio siempre ha hecho todo lo posible para no encontrarse solo. Su Arte encuentra inspiración y fuerza en la empresa, parece que quiere escapar de la soledad. Sus modelos a seguir eran como actores en una compañía que lo tenía como gerente. Desde los retratos individuales hasta los grupales, notamos esa atmósfera de quietud escénica propia de quienes han posado, satisfaciendo las exigencias de un director bastante exigente.

Si bien por un lado no podemos dejar de considerar sus lienzos como verdaderas obras de Arte que abren, incluso violentamente, las puertas a una innovación inigualable para la época, por el otro debemos, por honestidad intelectual, considerar los lienzos. de Caravaggio como un intento extremo de crear un mundo en el que encontrarse a sí mismo, en el que el pintor no solo pudiera sentirse como en casa sino también a gusto.

Desde el estudio de la luz, utilizada de manera única y transformada en un rasgo tan reconocible que hace inconfundible el Arte de Caravaggio (copiada por pintores de distintas épocas y nacionalidades) hasta la teatralidad de expresiones y decorados, como veremos en algunas de sus obras, frente a una utopía, en la que el pintor quiso vivir.

Las obras de Caravaggio transmiten una fuerte intimidad, que parece unir al artista y a las modelos que guiñan y miran intensamente en dirección al pintor, posición que ahora ocupamos como espectadores. Esta intimidad es real, Caravaggio solía pedir a amigos o conocidos que posaran para la realización de sus obras. Como dije antes, dado que cuando observamos sus obras nos encontramos en el lugar del pintor, nos parece que los protagonistas nos miran con esa comprensión que nos atrae y nos hace experimentar sensaciones particulares y nos hace amar aún más la pintura de Caravaggio.

No hay obra de Caravaggio que no cree estas sensaciones.

Es por eso que todas sus obras son fácilmente rastreables a su mano y ni siquiera tenemos que estar especialmente preparados para poder reconocer su autoría.

Sólo un artista ha logrado crear la misma intimidad e intensidad en sus obras, alcanzando el nivel de Caravaggio: Artemisia Gentileschi. Una mujer adelantada a su tiempo y que encontró una guía muy importante y significativa en Caravaggio y su Arte. A decir verdad, Artemisia parece haber sido influenciada por Miguel Ángel Merisi también en la vida diaria; estudios recientes sobre esta fabulosa mujer han demostrado que le encantaba ir a las tabernas y no le importaba participar en peleas, pequeñas riñas y tomaba lo que más le gustaba sin mayores problemas.

Escena VII:
La dirección teatral

La pintura de Caravaggio no queda relegada sólo al campo del Arte impreso en lienzo.

Debemos abrazar la idea de que su Arte es también y sobre todo teatro.

Cada uno de sus cuadros está impregnado de teatralidad hasta el punto de que sus escenas están ocupadas por actores reales comprometidos con dar vida a sus personajes, siguiendo tramas muy precisas y estudiadas.

Si miramos su *Baco* o *La Vocación de San Mateo* somos perfectamente conscientes de la importancia que Caravaggio siempre ha dado al teatro.

Varias veces os he recordado que era un habitante frecuente de las tabernas y la vida nocturna, además de amante de todo tipo de entretenimiento: entre estos no debemos olvidar incluir el teatro.

Tenemos que retroceder un momento, dando un pequeño salto en el tiempo a una de las épocas más interesantes y culturalmente espléndidas: la Edad Media. Pensemos en los fabulosos bestiarios medievales, que además de presentarnos a los seres más extraños que han existido, nos ofrecieron todo un abanico de información sobre las cualidades y hábitos positivos y negativos de los seres humanos. En estas obras literarias de formación, el entretenimiento relacionado con el teatro a menudo era relacionado con los aspectos más pecaminosos de la vida humana.

No olvidemos que nuestro maestro milanés era un amante del placer prohibido (o incluso simplemente mal visto) y como buen provocador nunca desaprovechó una oportunidad para dar escándalo y vincular su imagen con la depravación. Las ideas y consideraciones nacidas en la Edad Media han sobrevivido durante muchos siglos (algunas siguen vivas y sanas en la actualidad) y la percepción del mundo del Teatro todavía estaba de moda en la época de Caravaggio, quien obviamente no desaprovechó la oportunidad de convertirlo en un tema recurrente en su Arte y en su vida.

Además de ser un excelente director, Miguel Ángel es un increíble escenógrafo, guionista y técnico de iluminación. Nada parece escapar a su mirada atenta y vigilante. La composición de sus obras está siempre bien estudiada y estructurada y el drama de las expresiones de los actores se amplifica y subraya sabiamente por los efectos de la luz.

Las poses de los personajes a veces enganchan al actor-modelo hasta tal punto, provocando tanta tensión física como emocional, que también afecta nuestros sentidos, haciéndonos partícipes de ese esfuerzo y ese torbellino de emociones. Parece que el pintor pidió exagerar un movimiento o un grito y llevar la mímica al exceso para que pudiera ser percibida incluso por quienes estaban sentados en las últimas filas en la parte trasera de una sala de teatro. El mismo compromiso de tener que amplificar el sentimiento y la expresión lo experimentan los artistas en escena, quienes deben impartir tal fuerza a sus acciones que lleguen incluso al espectador más lejano. Esa sensación de éxtasis extremo, así como de malestar emocional que percibimos al observar las pinturas de Caravaggio se debe a que sus obras son verdaderos amplificadores de emociones y sentimientos.

El silencio en *La vocación de San Mateo* es uno de los protagonistas del lienzo. En nuestra mente toda la escena está perfectamente recreada, no nos cuesta imaginarnos a los personajes de la historia sentados a la mesa con la intención de ejercer su profesión, contando con avidez las monedas recaudadas para los impuestos, reservando aquellas para sus propios bolsillos.

Todo está construido con un ritmo teatral perfecto (o si queremos cinemática, por qué no).

Los "hombres de la mesnada" participan en animadas discusiones picardas, esperando intimidar a un desafortunado pagador llamado a pagar impuestos.

Un discípulo de Jesús nos da las espaldas, probablemente el mismo Pedro, mientras intenta atraer la atención de los presentes, demasiado ocupados con sus quehaceres para darse cuenta de los recién llegados.

Cristo está llamando a sí mismo al que será su nuevo discípulo.

Todo esto iría bien en alguna película de Zeffirelli endulzada y bien planteada, pero ni siquiera chocaría en alguna escena llena de patetismo y fuerte tensión como las de Mel Gibson.

A pesar de estas sensaciones, los presentes nos transmiten todo menos el movimiento; no parecen estar a punto de cobrar vida. La impresión es casi la de estar frente a un guion gráfico.

Los personajes son estrictamente estáticos, como si estuvieran congelados por alguna imagen fija.

De hecho, Caravaggio no parece poseído por la necesidad de infundir vida y movimiento en sus obras de Arte; como lo fue el Miguel Ángel de la Historia del Arte (el de David y la Capilla Sixtina, para ser claros). Una auténtica obsesión que se ha convertido en leyenda según la cual Buonarroti llegó incluso a darle con un martillo a su Moisés preguntándole con fuerza:

¿Por qué no hablas?

Una hermosa historia todo allí; realmente me cuesta creer que Buonarroti haya hecho este gesto. Conoce la forma correcta de dar vida y movimiento a sus esculturas; siendo el maestro del *non finito*: su técnica escultórica, que es la mejor manera de infundir la vida real y el movimiento con el mármol inorgánico y las figuras que esculpió en él.

Los grandes innovadores, los indiscutibles genios del Arte como nuestros dos Miguel Ángel sabían perfectamente que la única forma de superar los límites del Arte era tomar nuevos caminos y no seguir "haciendo las cosas a la manera antigua", esperando encontrar alguna solución.

En cuanto a Caravaggio, sabemos que se convertirá en protagonista de muchos rumores, algunos incluso se convertirán en auténticas leyendas, pero ninguno de estos quiere hacernos pensar que el maestro lombardo tenía una auténtica obsesión por infundir vida en sus obras de Arte.

Sabemos que uno de los disparos a la cabeza de Caravaggio fue provocado por su necesidad de tener la luz adecuada para pintar. Una luz que a menudo era artificial, proveniente de velas, pero que era también natural incluso si estaba dirigida. Esta necesidad lo llevó a perforar el techo de su residencia-estudio, que había alquilado a la pobre Prudenzia Bruni (de la que ya hemos hablado anteriormente). Gracias a este agujero en el techo, la luz entró en la oscuridad del estudio, iluminando la escena según las necesidades del pintor-director. No estamos tan lejos de la iluminación teatral con sus haces de luz dirigidos y ojos de buey.

No hay obra de Caravaggio que no presente una luz sensible y colaborativa, que acaba resultando ser la protagonista de las obras. Todos los demás personajes, incluso si se encuentran en los papeles principales, son siempre y en cualquier caso secundarios a la presencia de esta luz que crea y da forma a todo.

Que Miguel Ángel Merisi sea un director es un hecho, no una fantasía. Tomemos algunos de sus contemporáneos, sin importar el estilo y los temas comúnmente tratados; no hay mucha diferencia entre Caravaggio y Steven Spielberg, Francis Ford Coppola o Tim Burton (solo por nombrar algunos). Un director se inspira en su vida diaria y su mundo interior para crear sus obras; si pensamos en las películas de Tim Burton, entendemos muy bien qué es el mundo que pertenece a la imaginación del director sin siquiera tener que escuchar una entrevista con él, que aún confirmaría nuestras suposiciones.

Caravaggio está obsesionado con la oscuridad y la luz, encuentra una fuerte atracción por las personas que son distintas al mundo en el que vive y del que está protegido, por lo que se refugia en el mundo de la calle nocturna y lo utiliza como corolario de todas las escenas que quiere representar, desde lo mitológico hasta lo religioso.

El aspecto que podríamos definir como más cinematográfico y que es una característica de su forma de pintar viene dado por el cuarto oscuro. Ya nos han contado que Caravaggio pintó mirando a sus modelos, sus escenas y sus naturalezas muertas a través de una cámara oscura, muy similar a nuestras cámaras fotográficas. No hace falta mucha imaginación para poder ver a Caravaggio en acción, frente al lienzo, mientras observa a los actores posando, con los fuegos bien orientados en la escena, observando todo desde su cámara obscura. Si lo pensamos bien, sin embargo, no es una escena muy diferente a la del director, sentado frente a los actores en el escenario, con las luces colocadas de la manera correcta y quien luego de gritar "acción" mira las escenas filmadas por la cámara directamente desde la pequeña pantalla, a través de la cual logra hacerse una idea del resultado final.

Caravaggio también debería verse bajo esta luz. De ninguna manera esto le restaría mérito a su figura como pintor.

Es un pintor, sin duda, con un talento que pocos antes que él ha desarrollado: el de pintar una realidad teatral creada a propósito con el único propósito de crear un lienzo.

Caravaggio es en todos los aspectos el guionista de sus propias historias contadas en pintura. Además, como provocador, le encanta volver a visitar los clásicos con un toque de modernidad, que a veces puede vibrar como una nota disonante en la partitura. Así sus reinterpretaciones de escenas sagradas y mitológicas se vuelven a veces irreverentes, pero siempre extremadamente sinceras, según su visión personal y de quienes piensan como él.

El Arte de Caravaggio ha sido muy copiado y también se ha convertido en fuente de inspiración para los pintores de su propia generación y para las generaciones posteriores. Muchos han intentado copiar su pintura, fracasando del todo, precisamente porque han intentado encerrar su Arte única y exclusivamente en la pintura. Así que, lamentablemente, fue empobrecido por los muchos Caravaggistas que nunca lograron igualar la habilidad del maestro.

Entre otras cosas, la consideración de Caravaggio de quienes copiaban de otros pintores no es nada halagadora: no miraba con amabilidad a los artistas (que también denigró públicamente) que se limitaban a copiar de otros y no se dejaban influir directamente por la naturaleza.

Es un aspecto muy importante y curioso, por eso tendremos la oportunidad de profundizarlo más adelante. Caravaggio sigue siendo hoy uno de los pintores más copiados, incluso por artistas contemporáneos: quién sabe cómo los habría tratado al ver sus obras copiadas sin mesura…

Escena VIII:
El pintamonas

Un artista del calibre de Caravaggio no podía complacer a todos, por supuesto. Si bien hoy parece que universalmente hay un gran amor por su Arte y que parece ser reconocido como una piedra angular de la evolución de la historia del Arte en sí, en el pasado, especialmente entre los contemporáneos, Caravaggio tuvo muchos problemas.

El primer obstáculo que tuvo que superar fue el que todos los artistas tenían en común (y aún comparten hoy): darse a conocer.

Al detenerse frente al *Cesto con frutas* que se guarda en la Pinacoteca Ambrosiana de Milán, es emocionante pensar que ese lienzo debió haber recorrido kilómetros enrollados en la bolsa del joven pintor. Esta larga peregrinación terminará en Roma, cuando el lienzo será donado por el cardenal Del Monte a una de las eminencias de la cultura de la época, y también colega: el cardenal Federico Borromeo.

La fama de Caravaggio fue un verdadero acontecimiento mediático para la época. Tanto honor y alabanza también trajeron detractores envidiosos; una vida de "artista maldito" *ante litteram* en una sociedad fuertemente respetable le provocó no pocas críticas y, en última instancia, lamentablemente, debemos recordar que su Arte innovador y único no fue bien entendido y, en consecuencia, fue fuertemente opuesto.

Una de las primeras críticas fuertes recibidas (y también la más difícil de digerir) fue una malicia gratuita por parte de Giovanni Baglione (él mismo, el del juicio por difamación).

Baglione nos cuenta que el lienzo que representa a *La inspiración de San Mateo* fue realizado en una primera versión, luego rechazado por el cliente (Francesco Contarelli), por considerarlo no digno de la capilla de familia. Así, nuestro Miguel Ángel Merisi tuvo que crear uno nuevo, que hoy podemos admirar en la famosa capilla de la iglesia de San Luis de los Franceses en Roma.

Estudios realizados en 2000 por el historiador de Arte Luigi Spezzaferro habrían demostrado que lo que contaba

Baglione sería una gran mentira, ingeniosamente creada para desacreditar al odiado Caravaggio.

Incluso Bellori, sin embargo, informa un episodio similar, que también involucra a Vincenzo Giustiniani, el protector de Caravaggio:

«Qui avvenne cosa, che pose in grandissimo disturbo, e quasi fece disperare Caravaggio in riguardo della riputazione; poiché avendo egli terminato il quadro di mezzo di San Matteo e postolo sù l'altare, fu tolto via dai Preti, con dire che quella figura non aveva decoro, né aspetto di santo, stando à sedere con le gambe incavalcate, e co' piedi rozzamente esposti al popolo. Si disperava il Caravaggio per tale affronto nella prima opera da esso pubblicata in chiesa, quando il Marchese Vincenzo Giustiniani si mosse à favorirlo, e liberollo da questa pena; poiché interpostosi con quei Sacerdoti, si prese per sé il quadro, e glie ne fece fare un altro diverso, che è quello che si vede ora sul'altare»[11].

---

[11] "Aquí sucedió algo que causó la mayor conmoción y casi desespera a Caravaggio por su reputación; como había terminado el cuadro del medio de San Mateo y lo había colocado en el altar, fue apartado de los sacerdotes, diciendo que esa figura no tenía decoro, ni apariencia de santo, sentado con las piernas cruzadas y los pies. crudamente expuestos a la gente. Caravaggio estaba desesperado por esta afrenta en la primera obra que publicó en la iglesia, cuando el marqués Vincenzo Giustiniani se movió para favorecerlo y liberarlo de esta pena; desde que se interpuso con esos Sacerdotes, se tomó la foto para él, y les hizo hacer otra diferente, que es la que ahora se ve en el altar".

Toda esta negatividad arrojada sobre el pobre Caravaggio seguirá siendo clave para la lectura de su biografía y de sus obras hasta el año 2000, hasta la negación tras el citado estudio realizado por el historiador del arte Luigi Spezzaferro.

Según este estudio, la primera versión del trabajo habría sido deliberadamente provisional; de esta manera Caravaggio habría tenido mucho tiempo para realizar una obra de alto nivel y los clientes podrían haber utilizado la capilla sin dar la impresión de que estaba en construcción.

Caravaggio y sus compinches no sólo se han burlado del pobre Baglione, sino que el estudio de Luigi Spezzaferro también lo ha puesto de mala manera, que ha arrojado luz sobre esta venganza infructuosa.

Desafortunadamente, Baglione no fue el único que se desvivió por denigrar el Arte del maestro milanés. De hecho, catorce años después de su muerte (que tuvo lugar en 1614), el conocido pintor francés Nicolas Poussin visitó Roma y se dirigió a nuestro Caravaggio de una manera sumamente sucinta:

había venido a destruir la pintura.

Poussin pudo haber sido negativo en su juicio, pero creo que dijo algo cierto después de todo. Tras la llegada de Caravaggio, el Arte nunca ha sido lo mismo; él destruyó la concepción del Arte para crear una forma que aún hoy resuena en nuestro sentido estético y que ha echado las semillas para una renovación de la Pintura y el Teatro.

Otra crítica, inexorablemente desmantelada por la historia, es la que dirigió a Caravaggio la Academia de San Luca fundada en 1593 por Federico Zuccari, quien ocupó el cargo vitalicio de Príncipe de la Academia que fundó (el único otro artista que ha tenido este honor fue Antonio Canova).

Como eminencia gris de la pintura italiana, el manierista Zuccari fue invitado a la presentación al público en general de la Capilla Contarelli.

Su juicio no fue de ninguna manera encomiable:

¿Qué ruido es este? No veo nada más que el pensamiento de Giorgione.

El intento de llevar el fenómeno Caravaggio a la vena artística que era el más popular en ese momento es un poco vergonzoso, para ser sincero. Es difícil no refutar este juicio que nos haría creer que Caravaggio no es más que un pintor de segunda categoría, que pinta a la manera de otros grandes maestros.

Una de las principales críticas que se dirigieron a Miguel Ángel Merisi se debe a su estilo incomprendido. En una época en la que el espacio en un lienzo (y también aquel arquitectónico) tenía que estar completamente lleno y saturado por la presencia de decoraciones y personajes, era normal que no se aceptara casi un tercio de un lienzo vacío pintado en un color aparentemente sólido.

Esa presencia extensa del fondo oscuro fue percibida en su momento por el público, que nunca logra estar abierto a los cambios en el lenguaje artístico, como una verdadera burla.

Quien se salga de los esquemas establecidos que puedan garantizar la satisfacción del público y la normativa académica vigente, deberá emprender un arduo camino de aceptación. En pocas palabras, si quieres tener éxito tienes que darle a la audiencia lo que quieren, solo entonces puedes vender; el precio de un éxito tan rápido y satisfactorio es caro: desaparecer de la historia del Arte cuando cambian los gustos y las modas.

¡El camino artístico que ha emprendido Caravaggio no dará sus frutos hasta el siglo XX! El pobre Miguel Ángel tuvo que soportarlo y mientras tanto ni siquiera puede disfrutar de la valoración de sus obras.

Parece increíble, pero durante mucho tiempo no se habló de Caravaggio y fue puesto en el listado de los artistas secundarios. Después de este largo período de olvido fue redescubierto, comprendido y elevado a los honores de la Pintura. Un camino sin duda largo, que hoy, a nuestros ojos y a nuestra sensibilidad, parece incluso paradójico.

Lo que resulta más curioso, sin embargo, no es este olvido por parte del público sino la incorrección de la crítica, tanto su contemporánea como posterior.

La historia a veces nos presenta hechos realmente curiosos y no muy agradables.

Todos sabemos que realmente hubo muchos artistas que siguieron el Arte de Miguel Ángel y se dejaron inspirar profundamente, hasta el punto de ser definidos como *"Caravaggistas"*; todo esto incluso si Merisi nunca abrió una escuela o una tienda real y, por lo tanto, nunca tuvo discípulos reales o seguidores directos.

Lo desconcertante es pensar que mientras algunos "alumnos" gozaron de una notoriedad reducida, gracias a la nueva forma de pintar, el maestro quedó casi olvidado por completo.

A la luz de todo esto, creo que es normal preguntarse cómo pudo haber pasado algo así.

La justicia tiene su tiempo (y los italianos lo sabemos bien) pero tarde o temprano llega para todos; un poco de consuelo en algunas situaciones, pero eso es lo que tenemos. Hoy, finalmente, podemos decir que en lo que respecta a Miguel Ángel Merisi, conocido como Caravaggio, se hizo justicia; con el debido respeto a Baglione y Zuccari que no pueden gozar, hoy, de tanta fama, para ser amables y no decir que ya nadie los quiere tanto.

Escena IX:
¡Hombre muerto caminando!

Caravaggio no tiene la mentalidad de un simple artista, comprometido en una investigación estética que pueda concretar pensamientos y sentimientos eternos; también es un hombre condenado a muerte, que vive con esta situación de total inestabilidad en su vida diaria, y esto tiene una importante influencia en su Arte.

Los amantes de la literatura de terror estadounidense no tienen ningún problema en relacionar la condición de Miguel

Ángel con la de John Coffey, el gigante negro de la novela de Stephen King "*La milla verde*".

El protagonista de la novela será ejecutado tras la sentencia de muerte que se le impuso, durante un juicio falsificado, por la necesidad puramente humana de encontrar siempre y en todo caso una persona responsable y un chivo expiatorio en situaciones de mayor dolor e incomprensión.

Lo mismo le pasa a Caravaggio, incluso si él, entre nosotros, realmente tiene un mínimo de culpa.

Stephen King logra recrear de manera dura y cruda la insostenible situación del convicto que se acerca a la sala donde se ejecutará la sentencia; en el penal de la novela (pero también en los reales), cuando un preso recorre por última vez el pasillo que lo conducirá al interior de la habitación, en este caso, de la silla eléctrica, se oyen las palabras

hombre muerto caminando.

La misma frase debió resonar también en la cabeza del pobre Miguel Ángel Merisi. Efectivamente, en su caso la situación a soportar fue indudablemente peor: no tuvo que huir del verdugo sino de cualquiera que lo encontrara en la calle, ya que cualquiera estaba autorizado a proceder con la decapitación, sin tropezar con ningún problema legal.

Aquí el Arte del maestro lombardo se convierte en una continua reflexión sobre la muerte y su condición; llegando para dar lugar a peticiones de gracia, invocando la misericordia varias veces y en todas las ocasiones posibles.

Su Arte de temática religiosa es precisamente una recreación de versos bíblicos y una manifestación de las enseñanzas del catecismo de la Iglesia católica, pero adquiere un intenso significado autobiográfico, ligado precisamente a la muerte.

Si nos trasladamos momentáneamente a la Galería Borghese de Roma y nos detenemos frente al David con la cabeza de Goliat realizado en Nápoles entre 1609 y 1610, podemos darnos cuenta plenamente de esta fuerte inclinación autobiográfica de sus obras.

Ya en el siglo XVII los biógrafos del maestro lombardo reconocieron en la cara del gigante Goliat aquella de Caravaggio; hecho también confirmado por los críticos más recientes según lo informado por el historiador del Arte Sergio Rossi. No solo eso, el pintor al enviar este cuadro al cardenal Scipione Borghese, poderoso sobrino del papa Pablo V, inserta un detalle que no podía escapar a la atenta mirada del prelado. Se asegura de que las letras se lean en la hoja que sostiene David

H-AS OS

la abreviatura que resume el lema de la Orden Agustina

Humilitas Occidit Superbiam[12].

---

[12] La humildad mata el orgullo

Con estas palabras, Caravaggio realiza su acto extremo de contrición, con la esperanza de que el cardenal interceda por él ante su tío-papa.

Miguel Ángel ha creado varias versiones de esta obra y todas se caracterizan por un fuerte patetismo que casi perturba al observador, que no puede sostener una intensidad de emociones similares durante mucho tiempo. La versión romana, como hemos visto, es la única embellecida por el autorretrato del pintor que se ve a sí mismo como Goliat, mientras que en la versión conservada en el Kunsthistorsches Museum de Viena, el modelo del David ha sido el muy querido Francesco Boneri (Checco, el sirviente-amante que convivía con él, inmortalizado en el *Amor vincit omnia*).

La presencia del joven Boneri tal vez no tenga un significado particular, probablemente sea la consecuencia normal de la convivencia, de tener siempre al chico disponible para una pose, pero en retrospectiva esta asidua presencia del chico teje una densa trama de autobiografía de intimidad.

En la versión romana hay un aspecto más intenso e inquietante: Caravaggio se ve decapitado y muerto; retratandlse así en la parte de Goliat. La presencia de la cabeza del pintor se vuelve a leer como la de un condenado que pide perdón y que ya tiene una idea clara de cuál será su destino si no llega la gracia tan esperada.

Permaneciendo siempre en Roma, pasemos a la Galería Nacional de Arte Antiguo (la que se encuentra en el Palazzo Barberini), donde se guarda una versión de *Judith y Holofernes*. Es inútil subrayar el aspecto muy sangriento de la escena; todos conocemos la historia de la decapitación de Holofernes y nos resulta fácil entender la cantidad de sangre derramada en una acción como aquella representada.

Esta versión, sin embargo, también quiere contarnos otra historia.

Es suficiente saber leer entre líneas de la historia o más bien, en este caso, entre las pinceladas de Caravaggio. Observamos atentamente el trabajo. Hay tres personajes en el escenario, todos misteriosos y francamente fascinantes.

Centramos nuestra atención en el personaje masculino principal: Holofernes. Su cuerpo está tenso en el espasmo de la muerte violenta que se le inflige. Caravaggio nos cuenta todo sobre el dolor físico y sobre todo el horror psicológico que vive el hombre. Nada excesivamente extraño o fuera de lugar, como ya nos esperamos por parte del irreverente pintor milanés.

Llegamos ahora a los dos protagonistas de esta historia. Damos prioridad al carácter más maduro, por etiqueta: la vieja bruja.

Todas las características de la fealdad externa pertenecen a la mujer que sostiene el paño esperando la cabeza de Holofernes, que debe considerarse un reflejo de la maldad interna. Conveniente que encontramos en la mayoría de los cuentos clásicos y cuentos de hadas: el personaje malvado y mezquino pocas veces es hermoso y si lo es, ha hecho un retoque mágico para mejorar su apariencia.

La joven Judith, en cambio, tiene una expresión tan fría y distante que da la impresión de estar allí por casualidad. Observando con más atención, también surge la duda de que la joven está completando una tarea aburrida, a la que se dedica con desinterés y que no ve la hora de terminar cuanto antes.

Antes de continuar, ha llegado el momento de disipar un mito.

Cuando nos encontramos frente a una obra y nos llama la atención lo que pueden parecer puntos débiles o, peor aún, errores más o menos groseros, nunca debemos cuestionar su autenticidad como obra de Arte. Una pintura que no respeta los cánones clásicos de la tradición y el sentido común no es menos artística que otras perfectamente "enmarcadas" académicamente hablando.

En este caso concreto, a pesar de estos llamativos detalles, sin lugar a dudas, nos encontramos ante una verdadera obra de Arte. ¿Cómo podemos entenderlo? ¿Cuándo se puede definir una obra como Arte?

Una muy buena pregunta que aflige a la mayoría de los que se ocupan del Arte y a los que les apasiona. Sin embargo, la respuesta es más fácil de lo que piensas: cada obra, que tiene al menos dos interpretaciones diferentes y ambas son válidas, es una obra de Arte.

Después de esta pequeña y debida digresión, volvamos a nuestra gran obra de Arte.

Observamos la cara de Holofernes con mucha atención: es claramente la de Caravaggio; una vez más regresa el malestar psicológico y el miedo del condenado a muerte por decapitación.

Por otro lado, sabemos muy bien que el Arte es una herramienta muy útil para superar las dolencias psicológicas de los artistas y también del público.

Llegamos ahora a Judith. En esta obra tiene nombre y apellido: Fillide Melandroni. Su historia también es bien conocida por el público en general, pero merece un mayor estudio.

Caravaggio obviamente frecuentaba las casas de sus mecenas, la forma más segura de ganarse el favor del mercado, entre estas distinguidas personalidades el más importante era el banquero Vincenzo Giustiniani. Es precisamente en esta residencia donde el maestro milanés encontró su caída, bajo la apariencia de una mujer muy encantadora: Fillide. Una prostituta que a menudo visitaba las residencias de cardenales e importantes personalidades romanas.

Caravaggio quedó muy impresionado por la belleza de la mujer y la retrató en varias obras. Los dos frecuentaban y se encontraban en las tabernas donde el artista solía pasar sus noches. Es muy probable que Caravaggio terminara enamorándose de la mujer y tal vez comenzara a tener sentimientos más exigentes, quizás no el amor verdadero sino algo muy similar e igualmente intenso.

Como en cualquier historia de amor que se precie, este amor (o un fuerte enamoramiento, quizás) se ve obstaculizado; Fillide tenía un "amigo" que la cuidaba mucho, ya que él también era su protector. Él no veía con buenos ojos una posible frecuentación entre su Fillide y Caravaggio, así trató de todas las formas posibles e imaginables de obstaculizar una posible relación entre los dos. A estas alturas de la historia cabe recordar que este hombre era Ranuccio Tommasoni. Aquel famoso Ranuccio Tommasoni.

Todos sabemos lo que pasó el 28 de mayo de 1606: Caravaggio respondió a las provocaciones de Ranuccio y lo mató.

Ese crimen desató la serie de hechos que arrastrarán a Caravaggio al vórtice que poco a poco lo destruyó y aniquiló.

Ahora, leída desde un punto de vista biográfico, la obra adquiere un significado mucho más profundo y dramático. El hecho de que sea la mujer quien fue la causa de la sentencia de muerte del pintor a cortar la cabeza a Holofernes-Caravaggio es particularmente significativo.

Si observamos el lienzo, ahora, con mayor atención y sensibilidad, no podemos dejar de hacer nuestra la interpretación más plausible: esta escena tiene todo el aire de una pesadilla de la que Caravaggio-Holofernes quisiera despertarse.

La posición de Holofernes-Caravaggio, los brazos extendidos en un esfuerzo para levantar el torso del colchón, la boca abierta en un grito; parece que el protagonista está despertando de la pesadilla en la que vio a la mujer que fue la causa de su caída con la intención de cortarle la cabeza.

No tanto una escena bíblica, como una verdadera pesadilla pintada, para exorcizar su mayor temor y ablandar al funcionario público con la esperanza de obtener la gracia tan esperada.

Es por esto que la mujer da la impresión de ser una extraña en la escena y no parece involucrada emocionalmente en absoluto. A decir verdad, es muy difícil creer que una mujer, que le está cortando la cabeza a un hombre, parezca tan desinteresada en la acción y ni siquiera haga un gran esfuerzo físico. Judith-Fillide es más una presencia, uno de los tres personajes de una pesadilla.

Una gran pesadilla que sabemos que nunca se hará realidad pero que hará de la vida del pintor un escape continuo para alejarse de ese horror hasta el día de su muerte, que ocurrió de una manera bastante sospechosa.

Continuemos nuestro viaje ahora, vayamos a la Isla de Malta y para ser precisos en la capital La Valeta, donde se encuentra la Concatedral de San Juan.

Aquí encontramos una de las obras más intensas de Caravaggio, sobre todo si se lee desde un punto de vista biográfico: la *Decapitación de San Juan Bautista*.

El tema religioso de esta pintura es bien conocido y fácil de interpretar; obviamente (nunca debemos olvidarlo) es fácilmente interpretable por todos aquellos que han recibido un mínimo de enseñanza cristiana. Tras el pedido de Salomé, tras su danza hechizante de los siete velos para su lujurioso padrastro, la cabeza del Bautista tendrá que ser entregada a ella en una bandeja de plata, no tanto para hacer feliz a la sádica bailarina sino para complacer a la vengativa madre.

Caravaggio decidió representar al santo en el momento final y más intenso de la decapitación. La escena tiene un impacto emocional muy fuerte y aunque parece respetar todos los cánones de la pintura (de la época) tiene muchos aspectos curiosos e inusuales.

Personalmente para nuestro Caravaggio esta obra es de inestimable valor, será gracias a esta pintura de tan importantes dimensiones (3,61 x 5,20 m) quien recibirá la Cruz de Malta. Un interludio de felicidad que está destinado a ser efímero, lamentablemente.

Uno se pregunta qué ha hecho esta vez. Vamos con orden.

La Historia nos dice que, tras el reconocimiento de tan importante honor por parte de la orden, Caravaggio escapa repentinamente y rápidamente de la isla. Por una "coincidencia" que deja a uno asombrado, luego de su fuga, los caballeros leyeron la bula que decretó su remoción de la orden, lectura que se realizó justo enfrente del cuadro.

Mucho se ha hablado de la composición de la obra, que sigue siendo verdaderamente única y no solo por su tamaño (es el cuadro más grande del artista lombardo) sino también y sobre todo por unas elecciones compositivas decididamente arriesgadas.

Refresquemos ligeramente nuestros recuerdos del relato histórico de la pintura. San Juan está en prisión porque atacó públicamente al poder y está esperando su sentencia. La mujer a la que dijo ser una "tipeja" delante de todos es muy vengativa y utiliza el atractivo de su hija (a la que el "marido" no es indiferente) para hacerse con la cabeza del predicador.

Ahora miremos la imagen, comenzando desde el escenario. Estamos en la calle, de la cárcel probablemente sólo veamos la puerta y una ventana desde la que miran dos carceleros o presos curiosos. Un caballero observa la operación, señalando la bacía para la cabeza y dos sirvientes (quizás empleadas del palacio) están desesperadas mientras el verdugo ya ha dado el golpe y se prepara para terminar la obra por la que se le paga.

Al parecer todo es normal y la representación podría darse por sentada y de fácil acceso para todos, a pesar de un leve anacronismo y un detalle en el entorno que pasan casi desapercibidos: la ropa que no se remonta a la época del evento y el lugar, donde encontramos un edificio que recuerda a la Italia central del Renacimiento desde la fachada.

Sin embargo, si observamos la obra con detenimiento y en silencio, comenzamos a percibir la sensación de que el centro de la representación no es ni el santo decapitado ni uno de los coprotagonistas. El fulcro de la composición, estructurado de tal manera que nuestra mirada cae allí mismo en ese preciso punto, es la *misericorde*.

Para aquellos que no están familiarizados con las decapitaciones, es correcto recordar que el cuchillo que el verdugo sostiene a la espalda se llama misericordia.

Evidentemente es un detalle que no ha escapado a la atenta observación de muchos expertos y críticos. Según una opinión generalizada, la presencia de este cuchillo especial debe interpretarse como un pedido más para obtener la gracia tan esperada (que, de hecho, solo se puede obtener mediante un acto de misericordia) contra su sentencia de muerte. El cuchillo se utilizaba por los verdugos para acelerar el golpe de gracia a los condenados a muerte cuya ejecución podría no haber tenido un resultado inmediato; muchos profesionales de ejecuciones capitales (quizás por falta de experiencia o simplemente porque no era un buen día) fueron incapaces de matar al condenado al primer golpe y por eso el culpable sufría más de lo debido, para acabar con esta injusta y extrema condición de dolor, se intervenía con la misericorde cortando las terminaciones nerviosas aún conectadas, provocando así una muerte más rápida.

Esta arma podría tener diferentes formas y también podría usarse en otros contextos, pero la función esencialmente sigue siendo la misma. Algunas misericordes se hicieron en forma de estilete y se usaron en la guerra; luego de una batalla se pasaba entre los muertos y los heridos que quedaron en el campo y se ponía fin al sufrimiento de quienes habían sufrido heridas tan graves que ya no podían ser tratados de ninguna manera, clavándose el estilete en el corazón.

Ahora que sabemos todo sobre la misericorde, volvamos a nuestra imagen.

Varios historiadores del arte ven en este objeto pintado un pedido de perdón de Caravaggio, quien se encuentra en una situación precaria debido a la sentencia relativa al asesinato de Ranuccio Tommasoni; recordemos que la ejecución la podría realizar cualquiera que lo encontrara incluso en la calle y esto hizo que el maestro milanés viviera una situación de absoluta incertidumbre y terror (no es casualidad que la escena retratada sea en la calle y no en las cárceles donde debería estar).

Otros estudiosos, sin embargo, quieren ver en el arma en el centro de la representación una referencia más simple (por simple asonancia) al nombre de la empresa que encargó la obra: la Compañía de la Misericordia, de hecho.

Esta última es una explicación posible y quizás incluso probable, pero queda un poco demasiado superficial y banal si la relacionamos con la forma de trabajar de Caravaggio, que no se conformaba con las banalidades demasiado fácilmente.

En mi opinión hay un detalle en la imagen que va a favor de la visión ligada a su condena. Si miramos con atención podemos ver que la sangre, que brota de la herida infligida con la espada para cortarle la cabeza al santo, crea un pequeño charco en el suelo; bajo el cual se puede encontrar la firma del pintor que está escrita con la sangre del inocente injustamente condenado a muerte.

Dado que Caravaggio, poco antes de recibir el encargo de esta obra, había sido nombrado Caballero de Gracia, firmará como:

F Miguel Ángel

donde la F significa "Frà", o hermano. Es este detalle, además de su extraordinario tamaño, el que hace de la obra una obra única en la biografía artística de Merisi.
El detalle no es despreciable.
La sangre de una persona inocente, condenada a muerte por decapitación, toma la forma de las letras que componen el nombre de otra persona condenada a la misma pena.
Uno se pregunta: Miguel Ángel Merisi, conocido como Caravaggio, ¿niega la evidencia de culpa y se declara inocente o es verdaderamente inocente, víctima de una injusticia?
No podemos tener ciertas respuestas, por supuesto, sino solo nuestras interpretaciones personales a posteriori, que podemos exponer pero que siguen siendo nuestras visiones, estrictamente personales.
No hay duda de que Caravaggio fue culpable del asesinato de Tommasoni, que se consideraba víctima de la situación (creada por otros) y no de su naturaleza violenta es igualmente claro. Que estaba convencido de que era un mártir inocente y quería convencer a los demás también se puede ver en sus obras.

Escena X:
Como Oscar

La Belleza es un concepto tan abstracto e indefinido que es difícil encontrar una definición común en las diferentes culturas; se puede decir que no hay posibilidad de entendimiento en las culturas que colorean el mundo. Las definiciones que a veces se dan incluso contrastan entre sí. Sin embargo, no es una presencia ajena a nuestra vida, tanto que podemos estar rodeados por ella fácilmente y, a menudo, incluso abrumados.

Cuenta la leyenda que se libraron guerras cinematográficas colosales debido a la belleza; amantes de la Belleza terminaron en bancarrota, mientras que otros fueron asesinados o terminaron en prisión. Desde Helena de Troya hasta el hipotético robo de un bronce de Riace, todos (tanto los buenos como los malos) se han puesto en peligro o avergonzados de poder poseer la Belleza.

Si bien por un lado nos damos cuenta de que una definición universal de Belleza es casi imposible en sí misma, no está fuera de lugar asociarla al placer, que obviamente puede tener una connotación más física o más mental según su campo de acción.

En la imaginación de todos nosotros, la persona que se ha convertido en el emblema de quien se ha visto abrumado por la Belleza y que ha declarado que la única forma de resistir una tentación es ceder ante ella es Oscar Wilde. El gran poeta inglés acabó en la cárcel por su amor incondicional a la Belleza y por el placer que de ella brota.

Caravaggio no tuvo un destino muy diferente, como bien sabemos.

Sus pinturas nunca pierden la oportunidad de contarnos sobre su pasión por la Belleza femenina y masculina, su vida nos habla de la Belleza entre los lujos de los palacios aristocráticos de media Italia y su amor por la transgresión que lo llevó a vivir una vida nocturna, como una verdadera estrella del rock, entre excesos y pérdida de control.

Es difícil encontrar un artista (en el verdadero sentido del término, no solo alguien que de alguna manera se ocupe de la creación de objetos inapropiadamente considerados artísticos) que no haya sufrido por el camino recorrido hacia la Belleza.

¿Por qué encarcelar a un esteta o juzgar indecorosamente a quienes han buscado la Belleza en situaciones que el pensamiento común considera poco ortodoxas?

La respuesta no es tan difícil, en general.

La búsqueda de la Belleza tiene más que ver con la ética que con la moral, por eso es fácilmente atacada y juzgada por cualquiera.

Este es un tema algo difícil, me doy cuenta; intentemos aclararlo, pidiendo ayuda al Arte del propio Caravaggio. Primero permíteme un paréntesis teórico.

La moralidad es un aspecto muy variable en la vida de un ser humano; es impuesto por la sociedad y la religión y contempla toda una serie de reglas a seguir para vivir y ser aceptado en un grupo en particular. Si pensamos en la etimología de esta palabra (del latín moràlia) tenemos precisamente la indicación de existencia guiada por una serie de reglas que indican cómo debe comportarse el hombre. Evidentemente, según el período histórico, la cultura imperante y la religión dominante, la moralidad puede cambiar y dentro de una misma civilización puede sufrir fuertes cambios a lo largo de siglos o milenios.

La ética, en cambio, sigue siendo un aspecto más personal, no se impone desde fuera y por tanto es más cierto para el individuo. Tiene que ver con la investigación que cada individuo realiza para encontrar uno o más criterios que le permitan gestionar su libertad y tiene como objeto todos aquellos valores morales que determinan los valores del propio individuo. La ética nos permite encontrar el significado de existir como individuos, su significado más intrínseco y definir mejor el significado del propio y del universo que lo rodea.

Visto desde este punto de vista, el Arte de Caravaggio se convierte en pura y simple expresión de su íntima y sincera ética.

El mundo de Merisi se puede leer fácilmente en sus lienzos. La búsqueda de la Belleza física que recorre su pintura entre mujeres fatales y atractivas y niños gráciles y jóvenes. La sensación de prohibido y transgresor que brilla a través de las sombras iluminadas por la luz de las velas, la constante rebelión contra las convenciones de esa sociedad acomodada y recta en la que vivía, que en el fondo de su intimidad (en la oscuridad de su verdadero ser) siempre ha albergado a algunos. gran transgresión.

Todo esto sólo puede resonar como un eco para todos los que hemos tenido la suerte de conocer al gran esteta inglés Oscar Wilde.

Lo que más une a estos dos grandes artistas separados por casi tres siglos de historia no es sólo su búsqueda espasmódica del placer a través de la Belleza sino también la historia. Ambos, de hecho, encontraron sustento gracias a sus habilidades artísticas (la pintura de Caravaggio y la escritura de Wilde) y el público apreciaba mucho sus historias, pero, hay que reconocerlo, también sus biografías. Así que Oscar también fue invitado al extranjero para contar su vida y sus ideas (que también podemos considerar una verdadera filosofía de vida) y Caravaggio despertó la atención del público no solo por la habilidad con la que creaba sus obras o para su estilo de romper, pero también, y, sobre todo, por su personal visión del mundo y de la realidad que anima cada pincelada y escena representada.

Los aspectos comunes entre los dos artistas no han terminado aquí, todavía quedaría uno, a decir verdad.

Ambos han creado un aura de interés alrededor de su persona y han entrado de lleno en la imaginación común del público ejerciendo una influencia cada vez más fuerte.

No hay duda de que algunos también pueden encontrarlos atractivos; esto no se debe simplemente a su apariencia física, sino que es consecuencia del personaje maldito que se han cosido a sí mismos y que sobrevive gracias a las crónicas y sus obras, auténticos clásicos inmortales, aunque por momentos estén sazonados con una pizca de inmoralidad.

ACTO DOS

Escena I:
La luz creadora

No podemos hablar del Arte de Caravaggio sin tener en cuenta al verdadero gran protagonista de su investigación pictórica: la luz.

Muchos se desviaron de su camino para describir la singularidad de su técnica al crear esta tensión eterna entre la sombra y la luz; algunos han cometido un gran error al llamarla estática. Es todo menos estática.

Los cuerpos y rostros de los protagonistas, así como los ambientes, aunque envueltos en las sombras, toman forma y consistencia gracias al modelado continuo de la luz, que parece tomar el material negro y sin forma del que están hechos los lienzos de Merisi y crear todo, dando forma y moldeando a gusto.

Aunque el fondo de Caravaggio es predominantemente oscuro, con tendencia al negro, no es tan fácil copiarlo. A decir verdad, lo mejor que puede conseguir quien intenta copiar sus obras es acercarse al original. La complejidad del fondo de Caravaggio radica en el hecho de que no es de color sólido.

El efecto que se crea en los lienzos es el de múltiples esmaltes, tonalidades reales de diferentes marrones, que se superponen creando lo que sólo el pintor lombardo ha sabido darnos. Como veremos en los siguientes capítulos, la influencia de Caravaggio va mucho más allá de sus contemporáneos y se puede ver también en el Arte contemporáneo; un ejemplo sobre todo es el trabajo de Ettore Spalletti, quien crea obras esforzándose por crear un color que sea lo más natural (y tendiente a la verdad) como sea posible y, por lo tanto, no monótono (mono-tono, se entiende), como sus famosos azules. Este aspecto es fácilmente observable en la naturaleza, si pensamos en el color del cielo, nunca lo encontraremos perfectamente sólido, sino que tendrá zonas de mayor intensidad de color y otras de mayor claridad. Lo mismo ocurre con la oscuridad que podemos atravesar de noche.

El fondo "negro" de Caravaggio se definiría más correctamente utilizando el plural: el fondo de los "negros" de Caravaggio.

La correcta lectura de su fondo negro bituminoso, que es el fondo de la mayoría de sus obras, es lo que nos lleva a considerarlo un conjunto de luces suaves y sombras profundas.

Caravaggio desarrolló su estudio personal de la luz y la técnica de la pintura gracias también a la cámara obscura, lo que le permitió obtener resultados únicos para su época y seguir siendo asombroso aún hoy.

Esta herramienta es, en efecto, el antepasado directo de la cámara fotográfica.

Una auténtica caja mágica de madera en la que el mundo entra por un agujero, se refleja en su interior y se ofrece al espectador a través de un segundo agujero al que debe acercarse el ojo.

Caravaggio no es sólo un pintor, también es un fotógrafo y retrata las imágenes reflejadas desde la cámara obscura en sus lienzos. Aunque parezca un juego de palabras, sus obras son imágenes de imágenes reflejadas de la realidad. Gracias al uso de este instrumento, los rostros y naturalezas muertas de Caravaggio disfrutan de una luz muy especial y contornos particularmente delicados. El uso de la cámara obscura y el uso del color según los dictados de la Escuela Veneciana hacen de su pintura un hecho único que pocos han logrado imitar ni remotamente.

La atención y virtuosismo de Caravaggio hacia la luz alcanzó niveles extremos. Para pintar con la luz adecuada, que caía desde arriba iluminando la escena (con un efecto óptico extremadamente teatral) nuestro pintor incluso llegó a hacer un agujero en el techo del estudio donde trabajaba. Es fácil imaginar la alegría del propietario.

Un aspecto sumamente interesante de la pintura de Caravaggio es la presencia de luz, pero no en términos generales y normales, aquí debemos considerarla en todos los aspectos teatral. Como se mencionó anteriormente, Merisi no era un simple pintor, era un fotógrafo *ante litteram* además de un excelente director de teatro.

En comparación con el Arte moderno de los siglos XVI y XVII, el Arte de finales del siglo XIX y principios del XX se ha visto enriquecido por la cultura esotérica y psicoanalítica; a pesar de este giro, gran parte de la visión de Caravaggio ha sobrevivido hasta la actualidad. Especialmente el mundo iluminado por la luz de las velas.

Su luz ha dejado una huella tan fuerte en la Pintura que perduró durante mucho tiempo en el imaginario común de otros pintores que la convirtieron en un rasgo tan distintivo de su Arte como para convertirlo en parte de su nombre: Gerrit van Honthrost se le recuerda con el nombre italiano de *Gherardo delle Notti*[13].

Si corremos con el recuerdo de la obra maestra de Chalon dedicada a la hechicera Circe, nos encontramos con un eco en perfecto estilo de Caravaggio en cuanto a la iluminación de la escena.

El cambio es emocionante si pensamos en la primera escena nocturna pintada en la Historia del Arte por el gran maestro Piero della Francesca que en su *Sueño de Constantino* crea una noche muy luminosa, casi diurna. Evidentemente, logrando dar una idea de lo nocturno, aunque sea muy soso, pero habiendo sido el precursor de este estilo, bien podemos disculparle por alguna inexactitud (así como debemos justificar los graves errores de Buonarroti en la Capilla Sixtina). Con Caravaggio la noche se supera, no es solo esa extensión negra,

---

[13] Gherardo de las noches

pesada como sólo puede ser la oscuridad, sino que también es luz oscura; que aquí se convierte en una especie de materia negra, informe y que puede ser moldeada por la luz convirtiéndose en el todo. Con Miguel Ángel Merisi, de hecho, el negro se presenta como resultado del todo, todos los colores se funden en su paleta, perdiendo cualquier valor de "color" porque Caravaggio lo convierte en verdadera materia.

Si la luz de Caravaggio fuera una presencia marmórea, estática y que hace eterno (como lo consideran erróneamente algunos historiadores y críticos), las obras de Merisi tendrían un impacto visual mínimo.

Y como todos sabemos, este no es el caso. De hecho, es exactamente lo contrario.

La luz de Caravaggio es creadora. Se mueve sinuosamente entre los pliegues del fondo oscuro y hace que las figuras emerjan de la masa bituminosa. Si fuera estática, no crearía, pero resaltaría líneas y colores simples.

Hoy, en los escenarios teatrales, la luz sigue el mismo concepto. Oblicua como en *La Vocación de San Mateo*, da la profundidad adecuada a la escena. La luz es inteligente, tanto en las obras de Caravaggio como en el teatro, cayendo exactamente donde debería caer e iluminando a los personajes y los objetos de escena de manera adecuada. Siempre tiene la intensidad justa y nunca es violento, todavía estamos muy lejos de esos nerviosos y agudos efectos de color que prevalecerán en el Arte del siglo XX, pero la intensidad emocional quizás sea más fuerte.

Escena II:
Negro magistral

Después de haber hablado de la famosa luz de Caravaggio, no podemos dejar de considerar al segundo actor principal de sus obras: el negro.
Uno de los rasgos más representativos de Miguel Ángel Merisi son sus fondos, que contrastan con la intensidad de la luz.
Debemos entender cuáles fueron las razones que lo llevaron a cambiar las tonalidades utilizadas, de hecho, al inicio de su carrera no encontramos una paleta tan bituminosa.

Si tenemos en cuenta su famoso *Cesto con frutas*, nos encontramos con ese tipo de fondo que no nos permite tener indicaciones precisas sobre la hora (¿en qué momento del día estamos?) ni el lugar (¿donde estamos?). ¡Casi parece que Caravaggio anticipó la pintura metafísica de De Chirico por algunos siglos!

Aunque parezca imposible, el cuadro, lamentablemente, no fue muy popular entre el público de la época. Por cuantas historias románticas se quiere contar, la obra viajó mucho, enrollada en la bolsa del pintor, antes de encontrar un coleccionista que la compró (y en consecuencia lanzó la carrera del maestro lombardo).

La ironía del destino quiere que esta obra (caracterizada principalmente por tonos claros y brillantes) acabe en la colección de la familia de ese santo que apagará la luz en el Arte de la escuela milanesa.

Como bien sabemos, San Carlos Borromeo fue un personaje único en el panorama religioso y cultural del Norte de Italia. Su compromiso de contrarrestar la Reforma es digno del líder más tenaz. Con los Sacros Montes, anatemas y libros, hizo todo lo posible para que los reformados fueran menos atractivos a los ojos de los fieles; evitando así una conversión masiva a favor de los que protestaban al otro lado de los Alpes.

La personalidad de San Carlos Borromeo es decididamente complicada pero aún más intrigante. Sus relaciones con las mujeres no eran muy relajadas, por un lado, casi parecía tener un profundo odio por el sexo débil y por otro se sabe que había ayudado a niñas pobres a conseguir una dote para encontrar marido y era extremadamente protector con sus hermanas.

Otra relación muy difícil con personajes contrastantes fue con la cultura.

El impulso que ha hecho que la Milán agrícola y provincial se transforme en un centro reconocido internacionalmente para la industria italiana y para la moda se debe en parte a la Contrarreforma y las estrategias culturales implementadas por San Carlos Borromeo. No es casualidad que uno de los símbolos que se le atribuyen sea un libro; el conocido San Carlone de Arona (el coloso de más de 30 metros de altura) representa al santo con un gran libro en la mano.

San Carlos, junto a su primo Federico, ha acometido una serie de cambios que han facilitado el desarrollo de la cultura en la capital lombarda: desde la apertura al público de la Biblioteca Ambrosiana, pasando por numerosos seminarios hasta la decoración del suelo de la Catedral. Este compromiso tuvo como principal objetivo la difusión de la cultura de forma más o menos transversal en la sociedad. Todos tenían que poder comprender y acceder al conocimiento. Pero no de forma personal y libre como era el caso de los protestantes; el conocimiento tenía que ser siempre y sólo filtrado por organismos encargados y especialmente preparados que pudieran actuar como guía: la Iglesia, en las personas del clero especialmente capacitado, obviamente.

Esta revolución cultural tuvo un alto precio al final (incluso durante la fabricación, para ser honesto). Si bien la apuesta real por la difusión de la cultura ha permitido un mayor acceso al conocimiento, no podemos olvidar que el libre pensamiento ha sido fuertemente reprimido y condicionado.

En su propia mente rígida y dedicada al deber, San Carlos veía en la excesiva presencia de colores, en las demasiadas posibilidades de celebración y en las nuevas ideas que se extendían en Europa como un enemigo peligroso.

Así, la Pintura lombarda se ha ido oscureciendo y siempre ha jugado con los tonos cálidos de la tierra combinados cada vez más con el negro: un color elegante y casto que estimula los sentidos con menor intensidad.

El pensamiento de San Carlos sobre la vida social y el Arte se puede resumir fácilmente de esta manera: eliminando cualquier posible estímulo no se corre el riesgo de cometer pecado.

Todos los hermosos colores de Miguel Ángel Buonarroti, de Perugino, toda la Escuela de Siena del siglo XIII y la Belleza de los colores de la Escuela Veneciana han sido sofocados; oprimido por un negro cada vez más presente y opresivo.

Leer está bien, pero bajo la guía de un experto que pueda guiar hacia la correcta comprensión del texto, esta fue la respuesta de Borromeo a las innovaciones requeridas por la Reforma.

La cultura a menudo va de la mano de la libertad; desde la época de los griegos hasta nuestros días invitamos a un conocimiento cada vez mayor para ser verdaderamente libres. El querido viejo Séneca nos ha repetido desde el siglo I:

Sea un servidor del conocimiento si quiere ser verdaderamente libre.

En el período de la Contrarreforma no se distorsionó este aspecto básico de la libertad humana, solo se agregó un nuevo actor al proceso: el conocimiento tenía que ser presentado y organizado por las autoridades competentes.

Es en este entorno cultural y político-religioso donde la paleta de Caravaggio adquiere esos matices que la han hecho famosa en todo el mundo y que no deja de fascinarnos.

Al inicio de su carrera pictórica, Miguel Ángel Merisi tiene en sus manos una paleta con tonalidades fuertemente orientadas hacia los colores claros y brillantes y hace un guiño a los grandes maestros que le habían precedido, como debería ser, por supuesto. Nadie puede darse el lujo de dar sus primeros pasos en el Arte sin contar con quienes los precedieron y con los que siente cierta afinidad.

Con el tiempo, su estilo se ha ido definiendo cada vez más. Obviamente, este es un proceso más que natural en la evolución de un artista y con el estilo también ha cambiado el uso de los colores. Por lo general, los cambios de estilo están influenciados por la nueva forma en que el artista ve el mundo y quiere representarlo; como hemos visto, sin embargo, en este caso específico fue una imposición de cambio dictada por factores externos.

Como ya hemos dicho anteriormente, Caravaggio no era el desecho de la sociedad que vivía en las tabernas que a menudo se cree que fue. Su vida también fue nocturna, pero algunas de sus amistades vivieron en lujosos palacios y lucharon con espada y juegos políticos por el poder en el mosaico de ducados, repúblicas y reinos que era Italia antes de la unificación.

Y Caravaggio supo manejar hábilmente estos entornos. Las ideas dominantes en materia de cultura también se convirtieron en sus ideas, las necesidades expresadas por el

Poder para enseñar a las masas encontraron en él un digno divulgador. Su constante guiño a los poderes fuertes lo llevará a respetar sus ordenes perentorias, mientras los criticaba, a veces incluso con mucha dureza.

Y su paleta pierde sus colores.

El negro bituminoso, denso y sofocante, se adueña de sus lienzos y encuentra la aprobación de los impulsores de las nuevas ideas político-religiosas. Pero algo suyo debe dejarlo, es más fuerte que él.

Si por un lado reina el negro, por otro tenemos un aumento sustancial en la intensidad de los colores sobrevivientes. La causa de estos colores brillantes no parece ser una elección consciente del pintor sino una compensación necesaria que requiere la propia luz.

¡Como siempre, Caravaggio sabe ser irreverente y brillante!

El negro ya no es un castigo; en las pinturas de Caravaggio es tan pesado, como un material informe que se modela por la acción de la luz, pero es una presencia que poco a poco se vuelve cada vez más hipnótica y nos encanta. Si tomamos el dulce *Cupido durmiendo* de Palacio Pitti podemos darnos cuenta de este aspecto.

El cuerpo del pequeño Cupido dormido parece salir de la masa negra del fondo, está modelado por la luz y tenemos la sensación de sentir toda su corporeidad.

Una luz intensa y creadora.

Un buen punto de partida para poder pensar libremente, más allá de cualquier convención.

Escena III:
Los mendigos

Una presencia habitual e importante en la Pintura de Caravaggio es la de los pobres, personajes que suelen estar presentes en la Historia del Arte y que tienen su propia biografía particular.

No es difícil imaginar bien el enfado de la buena sociedad mientras observa en las obras de Caravaggio ciertas plantas sucias de los pies en primer plano o ropas mal remendadas y gastadas, sin olvidar las manos y rostros cubiertos de suciedad y descuidados.

Quién sabe entonces los comentarios cuando el público se dio cuenta de que conocían a la perfección el nombre y profesión de la modelo fallecida que personificó a la Virgen María en el cuadro que inmortaliza su fallecimiento (de esto hablaremos en el próximo capítulo).

La presencia del segmento más desfavorecido de la sociedad no se debe únicamente y exclusivamente a la sensibilidad personal de nuestro pintor ni a su afán de transgredir, sino que forma parte de un momento histórico real.

Los siglos XVI y XVII se caracterizan por una vida cotidiana compuesta también y sobre todo de pobreza. Estos dos siglos han sido testigos de largas guerras, epidemias y hambrunas; no fueron años fáciles y mucha gente ha caído en la peor desgracia.

Este flagelo ha golpeado a toda Europa y solo podemos imaginar cómo ha afectado la mentalidad de la sociedad en todos los ámbitos. Basándonos en los datos proporcionados por algunos historiadores, podemos fácilmente darnos cuenta de que la situación no solo era difícil, sino que limitaba a gran escala. De hecho, se ha estimado que alrededor del 20% de la población de una ciudad estaba compuesta por mendigos. Un aumento tan exponencial de los pobres se debió también a que muchos terratenientes habían comenzado a expulsar a los campesinos, privándolos de la tierra que trabajaban y, en consecuencia, de la única posibilidad que tenían de poder mantenerse y alimentar a sus familias.

Del norte de Europa llegaron ideas muy rígidas y duras, que pusieron a las personas que tenían que sobrevivir de alguna manera a pesar de las dificultades económicas en situaciones aún más complicadas. Primero los pobres se vieron privados de sus pocas propiedades y luego, en el siglo XVII, incluso fueron encarcelados. Todo esto solo podría conducir a un florecimiento de la violencia, epidemias, robos y fraudes.

Nos enfrentamos no sólo a una crisis económica, sino también a una crisis de seguridad social. Toda la pintura del norte de Europa es sensible a este fenómeno. Los grandes maestros de la época pintaron escenas en las que hacen su aparición vagabundos y pobres mendigos, siempre cuando no eran ellos mismos los principales protagonistas de las escenas.

Es en este ambiente social donde se mueve también la pintura, entre los nombres más importantes y conocidos del panorama artístico de esta época podemos recordar al gran Rembrandt mientras que entre los menos conocidos por el gran público Adriaen van Ostade, Pieter van der Heyden y Jan Steen.

Y es en este entorno donde Caravaggio encuentra impulso para su Arte.

Si tomamos su famosa *Madonna de los Peregrinos* (o *Madonna de Loreto*), realizada entre 1603 y 1605 y conservada en la Basílica de Sant'Agostino en Campo Marzio en Roma, podemos comprender mejor este aspecto.

La pareja de peregrinos representada arrodillada ante la Virgen está claramente formada por personas extremadamente pobres. Además, la imagen es muy curiosa; la Virgen parece haber mirado a la calle para ver quién tocaba el timbre, como si los dos peregrinos hubieran pasado para saludar o dejar algunas publicaciones para leer.

La escena parece sacada de una película o de una representación teatral y como ya hemos visto, en Caravaggio nada se deja al azar. La necesidad de realismo del maestro lombardo alcanza cotas que ni siquiera le permiten adaptarse, aunque sea mínimamente, a la tradición pictórica que siempre ha apreciado el esfuerzo virtuoso por enmascarar la fisonomía de los modelos que se prestaron a posar para la realización de las obras; de esta forma se creaba la sensación de que los protagonistas de las obras eran personas de carne y hueso, con rasgos reales, aunque pertenecieran al mito o la religión. El modelo desapareció y se transformó en el verdadero Baco y la modelo perdió su verdadera personalidad para convertirse en la Virgen María.

Conociendo a Caravaggio, la presencia masiva de tanta gente pobre en sus obras no es una simple coincidencia o un capricho de un artista. Para comprender mejor esta tendencia, debemos prestar atención a su biografía, especialmente a los entornos en los que vivió durante el día y en los que se refugió durante la noche. Además, si tenemos en cuenta su carácter tan poco acostumbrado al conformismo, podemos comprender bien las razones de sus elecciones.

En un entorno respetable y socialmente elevado, que ha decidido tomar el barroco como estilo predominante en la arquitectura para ocultar y suplir las deficiencias morales y éticas, la presencia casi irreverente de la sociedad menos acomodada debe entenderse como una crítica a la sociedad misma, un critica con sabor casi juglaresco.

Desde la Edad Media, el bufón era la única persona autorizada en toda la corte para poder permitirse el lujo de criticar y ridiculizar, siempre respetando las formas, el poder, representado por los más altos cargos locales hasta el rey. Sus críticas nunca fueron tomadas demasiado en serio, incluso si se basaban en verdades probadas, e hicieron reír al público de sí mismo, reflejando.

Suponemos que el genio de Caravaggio es decididamente engorroso. Su actitud es la de una estrella del rock, por la noche lo encontramos decidido a vivir de la manera más intensa y exagerada posible mientras que durante el día cada oportunidad es buena para romper algo o alguien.

Esta actitud suya también se refleja fielmente en su Arte; por lo que vemos a las vírgenes luciendo como amas de casa en la puerta o personificadas (sin saberlo) como prostitutas en la mesa de su propio velatorio. Por no hablar de los pies sucios a los que ya nos hemos referido; pensamos en los choques que estas imágenes debieron crear en el público de la época, provocando gritos de blasfemia y despertando disensiones.

Antes de continuar, en este punto, una breve nota es imprescindible: la corrección exige que nadie ponga en boca de Caravaggio palabras que tal vez nunca haya pronunciado ni le atribuya pensamientos que no son suyos; a decir verdad, demasiados pensadores, historiadores y críticos están tan convencidos de sus ideas que las atribuyen directamente al pensamiento de un artista.

Volvamos a Caravaggio.

Personalmente creo que estas decisiones estilísticas y el uso de ciertos temas fueron principalmente una forma de ir en contra de la respetabilidad y el pensamiento anticuado que prevalecía (y sigue dictando la ley, incluso hoy) entre el público local.

Desde la primera pincelada hasta la última, Migue Ángel Merisi quiso imponer su presencia, rompiendo el clasicismo imperante en la mentalidad de sus contemporáneos. Por eso deberíamos pensar, en mi opinión, que sus prostitutas y sus pobres no son más que elementos del estilo del provocador más estético de toda la historia del Arte.

Sus provocaciones deben considerarse como tales. Creo que todo aquel que quiera ver un mensaje social, e incluso teológico en sus lienzos, corre el riesgo de cometer un gran error. Caravaggio estará fuera de lo normal hasta el final y sus obras deben observarse así, con una visión fuera de lo normal, por lo que la interpretación a perseguir no puede ser delimitada por los cánones clásicos. "Fuera de lo normal" debe ser la clave para ponerse en contacto con este excelente maestro.

La presentación al público de una de sus obras debe haber sido algo realmente agradable. El público: ricas carrozas, llenas de encajes y con el pelo en orden, con movimientos que transmitían toda su superioridad social, miraban en éxtasis de lienzos bien pagados. Los temas: la gente que los ricos de la calle evitaban como la peste, quizás llevándose un pañuelo a la nariz para no respirar el aire que tanto les disgustaba.

Al identificarnos con esta situación, quizás, podamos comprender toda la carga artística y rompedora del maestro lombardo.

E incluso aunque solo sea parcialmente, podemos divertirnos con él.

Escena IV:
Esa Virgen que todos conocían

Entre las muchas obras de Caravaggio, hay una muy bonita; no tanto por la escena que se cuenta sino por las elecciones de nuestro pintor.
Antes de que surja la polémica habitual: la obra no fue robada sino comprada regularmente.
El cuadro fue un encargo de los Carmelitas Descalzos que, después de verlo terminado, lo rechazaron, y en general no debería sorprendernos mucho este hecho. Lo que puede permitirnos empezar a comprender su valor artístico, sin

embargo, es el hecho de que el ilustrado duque de Mantua (una corte que siempre ha estado atenta a la cultura y las novedades artísticas) lo compró por recomendación de ese Rubens que todos conocemos para ser un pintor eminente y también un buen diplomático.

La corte de Gonzaga, como todos sabemos, era bastante cara y las finanzas a menudo se asentaban en el signo negativo. Para equilibrar los presupuestos, los duques se vieron obligados a enajenar su fantástica colección que fue adquirida por Carlos I de Inglaterra. A la muerte del soberano, se decidió vender gran parte de su colección que fue comprada por Everhard Jabach, un rico banquero francés, quien posteriormente decidió venderlo todo a Luis XIV de Francia; entre las pinturas de esta colección estaba obviamente nuestra *Muerte de la Virgen*.

Después de tanto peregrinar, el cuadro fue colgado en las paredes del Louvre donde aún hoy descansa.

Volvamos ahora a la renuncia de los Carmelitas Descalzos, después de recuperarse del susto tras la visión del cuadro.

En primer lugar, debemos darnos cuenta de que el tema es extremadamente delicado. En los evangelios canónicos nunca se menciona la muerte de la Virgen, hasta donde sabemos, se habría quedado profundamente dormida y habría sido llevada directamente, en cuerpo y alma, al cielo. Entonces, técnicamente, la Virgen se salva del tránsito y la posterior espera del Juicio (personal y universal) como lo será para todos nosotros, simples mortales.

Caravaggio no pierde la oportunidad de crear escándalo.

En su obra decidió mostrarnos a la bella Virgen que murió y solo para mostrarnos toda su intención, el título muestra claramente la palabra muerte. Al hacerlo, Caravaggio roza los evangelios apócrifos, que para muchos miembros del clero de la Contrarreforma son un poco molestos.

Merisi elige representar una muerte humana, moldeada por una densa luz de angustia existencial y una melancólica nostalgia.

Longhi escribe sobre esta imagen:

> *l'angoscia di questi astanti prende senso e autorità infinita dal chiarore devastante che, irrompendo da sinistra nella cerchia di colori già stranamente fiammanti e pur combattendo con tutte le specie dell'ombra, soste per un attimo sul viso arrovesciato della Madonna morta, sulle calvizie lunate, sui colli pulsanti, sulle mani disfatte degli apostoli; fende di traverso il viso dolente di Giovanni; fa della Maddalena seduta un solo massello luminoso; della sua mano sul ginocchio un grumo solo di luce rappresa*[14].

Lo que desestabiliza aún más es que los símbolos místicos están casi completamente ausentes, dando la impresión de que estamos ante una escena común y no una representación que involucra a la divinidad. Solo observando atentamente a los

---

[14] la angustia de estos transeúntes adquiere un significado y una autoridad infinitos a partir de la luz devastadora que, irrumpiendo por la izquierda en el círculo de colores ya extrañamente llameantes y luchando con todas las especies de la sombra, se detiene un momento en el rostro vuelto hacia arriba de la Madonna muerta, en la calvicie lunar, en los cuellos palpitantes, en las manos deshechas de los apóstoles; atraviesa el rostro dolorido de Giovanni; hace de la Magdalena sentada un solo bloque luminoso; de su mano en su rodilla un trozo de luz coagulada

personajes, podemos darnos cuenta de que la Virgen se caracteriza por un halo muy fino y casi imperceptible.

En un momento en que el público (de todos los ámbitos de la vida) prestó mucha atención a la interpretación de los símbolos porque eran un canal importante para transmitir información, estos detalles ciertamente no pasaron desapercibidos. Tanta transgresión solo podría crear problemas para nuestro Caravaggio. Obviamente, el lienzo fue retirado, no podía permanecer en un lugar sagrado para sugerir ideas escandalosas y fue reemplazado por un tema igual pero más ortodoxo firmado por Carlo Saraceni, un pintor veneciano que no logró inculcar un mínimo de escándalo incluso en su escena más erótica entre *Marte y Venus* hoy en el Thyssen-Bornemisza de Madrid.

La situación se ve agravada, para variar, por su carácter, por lo que el pintor se ve obligado a hacer las maletas y escapar de Roma; fue cuando durante una de sus querellas habituales por motivos más o menos vanos mató a Ranuccio Tommasoni.

Este cuadro es un derroche de impropiedad, si volvemos a observarlo con detenimiento podemos darnos cuenta que incluso su ambientación tiene algo inconveniente.

Tradicionalmente, estamos acostumbrados a ver a la Virgen, viva y sana, que es levantada del suelo por unos ángeles y llevada hacia arriba. Definitivamente es la mejor manera de transmitir la idea de una *dormitio*, un sueño profundo, y no una hipotética muerte humana. En algunos casos, los apóstoles están en silencio frente a una tumba vacía o llena de flores (símbolo del renacimiento).

Caravaggio pinta a los apóstoles alrededor de la mesa funeraria en profundo pésame. La escena es (obviamente) oscura, la tela roja aumenta la sensación fatal y el dolor. El cuerpo sin vida de la Virgen se coloca sobre una mesa que se ha suavizado con lo que parece ser un voluminoso cojín o telas dobladas.

La imagen recuerda de forma deliberada y clara las vigilias fúnebres que celebraba la gente corriente en las tabernas, a las que, muy probablemente, Caravaggio había asistido en bastantes ocasiones.

El vestido rojo de la Virgen es otro bonito punto de interrogación.

De todos los colores marianos que podrían usarse para identificar al personaje, el maestro lombardo eligió uno que no es realmente muy tradicional, digamos.

Si con un poco de esfuerzo de nuestra imaginación nos transportamos al momento en que la obra fue revelada al público, no debería ser difícil ver las bocas abiertas de asombro y los ojos bien abiertos de incredulidad. En parte, también, por la belleza de la obra, pero sobre todo porque esa Virgen muchos la conocían por su nombre (quizás apellido) y profesión. De hecho, según algunos historiadores, la mujer representada en los rasgos de la Virgen era una conocida prostituta romana encontrada ahogada en el Tíber. Otros, sin embargo, quizás impulsados por un fuerte respeto por un tema similar, quieren reconocer en los rasgos de la Virgen los de Lena, el modelo de Caravaggio, quien de profesión (sin embargo) fue cortesana.

La teoría del cadáver hallado en el río debería tener mayor credibilidad, ya que sería atestiguada y comprobada por la sospecha de hinchazón del vientre de la mujer.

La interpretación del pintor de la obra y de los símbolos "ocultos" en sus lienzos siempre ha provocado un incesante flujo de tinta, a veces incluso innecesariamente. Todos tienen voz y muchos son los custodios de una verdad esclarecedora, que sin embargo deja algo que desear en ocasiones.

Si partimos de la presencia de la gran tela roja que cierra la escena, escuchamos el eco de las palabras cortina y teatro. Por enésima vez nos encontramos ante la concepción de Caravaggio de la representación en la pintura como escena teatral.

Suponiendo que el tablón sea el de una taberna, que la mujer sea una prostituta ahogada en el Tíber y que la Magdalena fuera convocada como extra por voluntad expresa del director, ya que la presencia de esta última no está contemplada en la iconografía cristiana normal, uno se pregunta ¿cómo interpretar este cuadro?

A pesar de su fuerte sentido rebelde, parece demasiado exagerado pensar en la blasfemia; también pudo haber sido un chico malo de una buena familia que disfrutaba creando desastres por todos lugares, pero creo que está un poco fuera de lugar pensar que Caravaggio quería faltarle el respeto a la figura de la Virgen. Aunque sólo sea por cálculos más comerciales que por un respeto innato por lo divino.

La solución del acertijo podría ser un poco más simple.

En esta época, como hemos visto, se promueve la moderación de las costumbres y el lujo ya no está mal visto. Incluso las leyendas cuentan que San Carlos Borromeo y su primo Federico vivían en la pobreza para dar un buen ejemplo; tomo la libertad de usar la palabra leyendas porque la correspondencia con su familia muestra a un San Carlos atento a la imagen y la ropa que había que cambiar si estaba gastada o en mal estado.

Volvamos a nuestra historia, recordando que la consigna de la sociedad de la época era la sencillez y la moderación. Miguel Ángel Merisi recibe el encargo de un cuadro que tiene como tema la *dormitio* de la Virgen.

Al crear la obra, se le ocurre una idea: pintar la escena en un lugar muy simple y pobre. Probablemente se inspira en un recuerdo: un velatorio al que había asistido unos días antes.

Poco le importa al director que el fallecido fuera una prostituta, el actor en escena pierde su biografía y se convierte única y exclusivamente en el personaje al que debe dar vida con su presencia escénica.

Subversivo sí, pero sin exagerar demasiado, llegando a la blasfemia.

¿La figura de la Magdalena?

Aunque no se habla iconográficamente de ello, el director consideró acertado que existiera, para una mayor completitud y equilibrio visual (y conceptual) en el escenario.

Escena V:
Un poco de chisme

A veces, incluso con demasiada frecuencia, parece que el Arte en el que el público (y algún historiador autodenominado) se maneja mejor es el del chisme.

Veamos cómo esta práctica, a veces cuestionable, puede afectar la forma en que observamos el Arte.

Entre los de adentro hay dos líneas de pensamiento importantes. Hay quienes ven en la biografía de un artista un elemento indispensable para poder entender su vida artística y quienes, por otro lado, demonizan la vida biográfica porque podría asfixiar innecesariamente el pensamiento y la singularidad del artista.

Según un adagio que ahora se pierde en la bruma del tiempo, la verdad está en el medio.

Creo firmemente que conocer la biografía de un artista es fundamental para el período de la era moderna para nosotros y que es irrelevante en el caso de muchos artistas de la era moderna que se remontan al Paleolítico.

Cuando el artista desaparece tras el velo del sujeto a representar y las interpretaciones históricas, teológicas y sociales que otros le encargan, podemos fácilmente hacerlo sin saber qué comió o qué música escuchó.

Hablando, sin embargo, de artistas que ponen en juego sus pensamientos y que logran para bien o para mal traducir su punto de vista personal en una obra, con o sin encargo, creo que es muy importante conocer su pensamiento y su vida; de lo contrario, faltarían datos importantes para comprender las opciones artísticas.

El juicio personal de la vida privada de un artista es otra cosa. Un artista nunca debe ser estigmatizado por sus decisiones en la vida, y ni siquiera deben reflejarse en las páginas de interpretación o crítica de su Arte.

Miguel Ángel Merisi era el hombre y podía ser juzgado por sus elecciones de vida; siempre que tenga algún uso y que nos corresponda juzgarlo. Caravaggio es el artista y como tal hay que considerarlo, completamente separado de su alter ego Merisi.

Caravaggio no puede ser juzgado por su *Amor vincit omnia*; sobre el estilo de vida de Merisi, por otro lado, podemos discutir y hablar de él, siempre y cuando no haya nada mejor que hacer.

El cuadro antes mencionado es una de las mayores obras maestras del pintor y es difícil encontrar a alguien que no lo aprecie o que no esté encantado con él.

Conozcamos un poco más la historia de esta magnífica obra que se conserva hoy en la Gemäldegalerie (Pinacoteca, en alemán) de Berlín.

El título de la obra es una frase latina italianizada que se puede traducir como "El amor vence a todo" del famoso Publio Virgilio Marón, mejor conocido simplemente como Virgilio. Las palabras exactas del verso del poeta de Mantua serían

Omnia vincit amor et nos cedamus amori[15].

Nuestro

Amor vincit omnia

sigue un poco la construcción italiana que quiere que comiences la oración con el sujeto, en esto el latín da mucha más libertad, pero en sí mismo el significado no cambia.

Como suele suceder al completar el catálogo de un pintor, no es fácil tener una indicación precisa del año en que se realizó

---

[15] El amor triunfa sobre todo y nos entregamos al amor

el cuadro. Por lo tanto, los estudiosos deben agudizar la vista, captar en el lienzo hasta el más mínimo matiz y detalle que pueda dar una indicación para fechar la obra. A menudo, las fechas se deciden sobre la base del desarrollo del estilo del artista o el uso de ciertos colores.

O simplemente, es suficiente leer algunos libros.

Tomando en la mano tres madrigales escritos en 1603 por Gaspare Murtola (poeta nacido en Génova hacia 1570 y muerto en Tarquinia en 1624) podemos encontrar referencias claras y explícitas a la obra de Caravaggio. Otras referencias se hacen durante el juicio, también en 1603, presentado por el pobre Giovanni Baglione contra Caravaggio y sus amigos. Durante el juicio se señala que Baglione había realizado un cuadro que representaba un

amor devino[16]

y que era una especie de competidor de un

amor terreno[17]

realizado por Caravaggio.

---

[16] amor divino

[17] amor terrenal

La pintura del maestro lombardo fue encargada por el marqués Vincenzo Giustiani, quien le pagó 300 escudos. La ironía del destino dice que el hermano del marqués, Benedetto, recurrió a Baglione, quien le creará la pintura competidora.

La colección de la familia Giustiniani también se dispersó y vendió, como sucedió con muchas colecciones famosas e importantes. El *Amor vincit omnia* (El amor victorioso) fue comprado por el Museo Kaiser Friedrich de Berlín; por eso está hoy en territorio teutónico.

No debemos olvidar que durante el ensayo se definió la temática del cuadro

amor terreno

un aspecto nada despreciable.

En un no-lugar, rasgo destacado de la obra de Caravaggio, encontramos la figura de un joven Cupido desnudo. El escenario puede definirse fácilmente como un no-lugar porque el pintor se compromete a eliminar todas las posibles connotaciones espaciales y temporales de la escena: no está claro si se trata de una escena nocturna, diurna o en una fase intermedia y no está bien definido si es un interior o un exterior.

Lo cierto es que Cupido divide el escenario del cuadro con la inevitable luz que ilumina y crea con maestría la profundidad y la redondez fotográfica.

La interpretación más intensa de la obra del maestro milanés es poética: Cupido, con sus flechas, logra prevalecer sobre cualquier Arte (representado por instrumentos musicales y cálculos geométricos) y sobre cualquier forma de poder humano (armadura y corona).

La mano de obra de las alas es increíble. Las plumas tienen una textura que roza el hiperrealismo y las plumas no envidian la suavidad de las reales.

El cuerpo de Cupido parece ser de carne real, la redondez que crea la luz y los pliegues debido a la posición del cuerpo quieren sugerirnos (y lo logran muy bien) que estamos ante una persona real, de carne y hueso, y no una idea.

La mirada de Cupido es la de un niño seguro de sí mismo y consciente de lo que puede representar para el pintor.

También conocemos el nombre de este joven modelo: Francesco Boneri.

De él nos habla el viajero y crítico Richard Symons que en 1650 escribió un *Diario* (el título de la obra en el idioma original es *Diary*) en el que presenta informaciones que recogió durante un viaje a Italia. En su libro Symons, además de informar que Caravaggio había pintado en varios cuadros, el niño también dice que

él era su novio

y reitera el concepto después de unas pocas frases, recordando que

era su chico o sirviente quien se acostaba con él.

El crítico inglés nunca tuvo la oportunidad de hablar con el interesado, obviamente, por lo que se limitó a recopilar rumores del pueblo.

Muchos quieren ver en la figura de Cupido, en cambio, la de uno de los ayudantes de Caravaggio que simplemente se prestó para la pose.

Sin embargo, algunos documentos pueden confirmar lo que dijo Symons en su diario. De hecho, la convivencia entre el maestro milanés y su sirviente-alumno se confirma en un censo parroquial de 1605 en el que se puede leer que los dos compartían habitación.

Numerosos estudiosos ingleses, incluido el eminente Freelberg, apoyan y defienden la tesis de que Caravaggio tenía una relación con el joven Checco (como lo llamaban en el pueblo).

La crítica italiana, sobre todo la del ámbito más católico, siempre ha rechazado esta posibilidad que roza la homosexualidad y quiere ver en Cupido un símbolo de resurrección, victoria y triunfo.

Ahora, bien entendido, que juzgar legalmente a Caravaggio hoy por su relación con un niño no tiene mucho sentido; así como no lo tendría el juzgar el mundo grecorromano este antiguo hábito (entonces, ¿qué deberíamos decir sobre Adriano y su amado Antinoo?); debemos ser claros con nosotros mismos y tomar una decisión sobre cómo considerar este trabajo.

Dar al *Amor vincit omnia* una interpretación cristiana u homosexual, llegando a la pedofilia, debe depender únicamente y exclusivamente de la sensibilidad del espectador. Cada uno de nosotros puede y debe mirar el cuadro con una predisposición personal y leerlo según sus propias ideas.

Y como tal debe ser presentado.

La interpretación personal y los sentimientos que despiertan las obras nunca deben hacerse pasar por los del artista, pero debemos recordar siempre que nos pertenecen y como tales nunca deben imponerse a los demás como si fueran la verdad absoluta.

Sería como desear que todos se amoldaran a un solo pensamiento; ¡qué aburrido!

Sinceramente, creo que conocer cuál es la verdadera interpretación de las obras no es tan imprescindible a efectos de contemplar y disfrutar un cuadro.

Volviendo a nuestra obra, si intentamos leerla primero de una manera homosexual y más "católica" después, notaremos que en ningún caso la obra pierde su brillo, su belleza y su identidad.

Dado que el Arte no tiene por qué ser moral, no es justo juzgarlo según la ética y la moral. Debe vivirse por lo que es, en total libertad de pensamiento.

La moral y la ética que pertenecen a nuestra vida no fallarán por culpa de una pintura. También debemos recordar que estos dos componentes importantes de la mentalidad humana cambian a lo largo de los siglos y no siempre es posible juzgar el pasado sin tener en cuenta estos cambios de época en el pensamiento de la sociedad.

Sin embargo, se puede leer un relato trágico en esta fascinante obra.

Todo lo que podemos lograr en nuestra vida es fugaz y está destinado a desmoronarse. Artes, construcciones, guerras e imperios quedarán sin vida y sustancia a los pies de un ser verdadero y eterno como Amor.

Escena VI:
La cuadratura del círculo

Aún hoy, uno de los aspectos más curiosos del Arte de Caravaggio es el de la interpretación y explicación de sus obras.

Hoy el Arte nos empuja a no tener que entender los lienzos a toda costa sino sentirlos y percibir sus fuerzas. En la época clásica, sin embargo, el Arte era el servidor de la ideología imperante tanto desde el punto de vista político como religioso (y con demasiada frecuencia, no olvidemos, los dos aspectos coincidían).

El Arte ha sido el canal de comunicación predilecto del poder durante muchos siglos, es normal que todavía tratemos de leerlo según la vieja escuela y no nos dejamos llevar, en cambio, por las sensaciones que se despiertan. Poco importa si no son las del autor. El Arte, cuando es verdad, quiere ser universal y por eso está abierto a diferentes interpretaciones, claramente.

Interpretar las elecciones pictóricas de Caravaggio no es imposible, pero es extremadamente difícil. Siendo básicamente un chico malo de la Pintura, nunca se molestó en escribir sus pensamientos y las motivaciones de su expresión artística, que hoy habrían sido imprescindibles para poder leer algunas de sus obras.

Caravaggio es entre los primeros pintores en destacar la presencia del artista en sus obras. El público, el de su tiempo, pero también el nuestro, debería empezar a observar sus obras, recordando que detrás del pincel había un artista. Y que este artista quiso dejarnos su visión del mundo.

En mi opinión, una de los mayores forzamientos sufridos se refiere al famoso *Cesto con frutas*.

Un bodegón como muchos otros, si se quiere, pero con aspectos innovadores y verdaderamente únicos en la Historia del Arte.

Estamos ante, quizás, una de las primeras obras metafísicas de la Pintura. El cesto está en un no-lugar; no es posible decir con certeza dónde se encuentra: ¿un sótano, una cocina, al aire libre o en una habitación luminosa? Estamos en una situación en la que el tiempo no existe: la luz que ilumina el cesto es uniforme, casi como si viniera de un foco de luz, y no es fácil saber a qué hora del día estás.

Estas dos características hacen que el trabajo sea universal; es bueno para cualquier lugar y momento. La obra debe vivirse sin prejuicios ligados a dos de las condiciones salientes de la finitud humana: el dónde y el cuándo. Estamos ante una obra universal y como tal hay que vivirla.

Si es posible, para los amantes de la música, se debe escuchar como si se tratara de una fuga de Bach.

La música del gran maestro alemán, uno de los grandes padres de la música, fue escrita para la propia música. No tiene un concepto real que expresar, no tiene una ideología que sustentar. Es una música para escuchar, apreciar por cómo se presenta y por cómo la percibimos y nada más.

Con la misma concepción que acabamos de aplicar a la música de Bach, observemos ahora el *Cesto con frutas*. No tiene nada que decir más que su propia belleza. Bella, casi fotográfica, increíble; creo que ya es un valor inigualable.

El cesto da la idea de ser real, se nota la sensación de poder agarrarla y levantarla de la estantería sobre la que descansa. Todo esto se debe a la genialidad de Caravaggio al pintar la base del cesto que no descansa perfectamente en el estante. Una parte, la que está hacia nosotros, sale del borde de la estantería unos centímetros, reproduciendo la realidad de forma impresionante. Por otro lado, no todos los estantes han sido diseñados para acomodar perfectamente un cesto especifico.

Tenemos la difícil tarea de quedarnos frente a la grandeza de la obra y observarla, si hacerlo en silencio o no nos toca a nosotros decidir.

La verdadera interpretación de la obra, siempre que exista, es la que está presente en la cabeza del pintor (¡siempre que el autor tuviera una idea precisa al pintarla!). Si al observar una obra experimentamos sensaciones que nos dan ideas y sugerencias que luego pueden conducir a posibles interpretaciones de la obra, debemos recordar siempre y sólo que esas serán siempre y solo nuestras ideas personales.

Parece un concepto simple y quizás incluso obvio. Sin embargo, no siempre es fácil evitar poner nuestras palabras en boca de un artista.

Incluso los más distinguidos expertos en Arte pueden dejarse llevar y exagerar demasiado con la interpretación.

Un reconocido escritor, periodista y crítico de Arte y arquitectura, desde las columnas de un periódico nacional, atribuyó un sentido incluso cristológico al *Cesto con frutas*. Increíblemente, quien firma el artículo reconoce al propio Cristo dentro del cesto.

Esta interpretación viene dada por el hecho de que, en el siglo XVI, la Eucaristía fue considerada *"Charitas"* y *"Fructus"*. De hecho, según el Concilio de Trento, Cristo es el fruto de Dios dado a los hombres mediante el sacramento de la Eucaristía.

La regla, y aquí no debemos considerarla una posibilidad, para leer la obra de Caravaggio es utilizar la predicación del tiempo como gramática básica; en particular se refiere a la predicación de San Carlos Borromeo del 12 de junio de 1583:

lo que Cristo fue para la Iglesia primitiva es para nosotros la Eucaristía; de hecho, su fuerza es la misma, y recibirías los mismos frutos.

Personalmente, lo considero demasiado forzado.

Sin embargo, no debemos excluir que nos enfrentamos a una interpretación posible y también plausible para quienes tienen necesidades religiosas particulares; pasarlo como el pensamiento de Caravaggio me parece un poco arriesgado, así como incorrecto. También se ofrece una interpretación similar para el *Apolo tocando el laúd* conservado en los opulentos salones del Hermitage.

Según una lectura muy arriesgada, el joven músico debe entenderse como el marido del Cantar de los Cantares.

Tanta pureza y poesía son indudablemente curiosas; especialmente si pensamos en el hecho de que estamos hablando del artista que decidió reproducir el funeral de una prostituta haciéndolo el de la madre de Cristo, quien entre las muchas características tiene la virginidad a diferencia de una prostituta.

Si seguimos dando espacio a estas interpretaciones forzadas, corremos el riesgo de crear un caso similar a la desnaturalización que sufrió *El regreso del hijo pródigo* del pobre Rubens. Según una interpretación, obviamente sesgada, se quiere ver en las manos del padre las de un Dios que es a la vez madre y padre (de hecho, una mano está más definida y afilada mientras que la otra es más grande y áspera); lo que no toma en cuenta esta interpretación de la obra es que el pintor probablemente hizo las manos de esa manera debido a un problema ocular que no le permitía enfocar bien la profundidad.

El público, más o menos erudito y autorizado, tiene todo el derecho a experimentar el Arte según su propia sensibilidad; sin olvidar señalar que es el propio pensamiento y no el de su creador.

El *Cesto con frutas* es un hermoso bodegón con un fuerte carácter innovador, y como tal debe leerse y vivirse. Todo lo demás son sólo agradables cavilaciones mentales y culturales que conviene desvelar con respeto, también porque indudablemente pueden enriquecer al público, pero no añaden ni quitan nada significativo a la obra.

Una de las mayores necesidades de los seres humanos es comprender cualquier cosa y reducir lo más posible a lo fácilmente comprensible. Entonces, un poco como jugar con las nubes cuando se quiere ver imágenes que realmente no existen, las mismas reglas se aplican al Arte.

Parece que, si no puede obtener una explicación lógica, estamos dispuestos a crearla desde la nada.

Si algo no tiene sentido o por qué, tampoco parece tener valor. En el Arte esta regla no se aplica, también no es que en la vida deba ser así.

Todo se vuelve lícito para que tenga sentido.

Lamentablemente, muchos han llegado al punto de convencerse de que su interpretación personal es la Verdad absoluta, y estas ideas se esconden en los pliegues de la realidad histórica y cada vez es más difícil reconocerlas.

La interpretación no es un valor absoluto en general, pero es una verdad personal y debe permanecer como tal. No olvidemos que solo las obras con múltiples interpretaciones posibles y lógicas son verdaderas obras de Arte.

Escena VII:
La influencia del Poder

Muchas de las obras de Caravaggio tienen la audacia de presentarse como un grito contra el Poder, entendido en todas sus formas y facetas. Sin embargo, por mucho que intentes luchar contra el Poder establecido, reducirlo de alguna manera y ridiculizarlo, es difícil salvarse y escapar de su perenne sed de venganza contra quienes, de alguna manera, intentan oponerse a él.

Protegido como estaba, Caravaggio también fue engullido por el mismo monstruo que intentó destruir.

La relación entre Arte y Poder es mucho más estrecha e íntima de lo que estamos dispuestos a aceptar a veces. En un período más clásico de las artes, la influencia de la religión fue de vital importancia no solo para las comisiones sino también para la presencia en el mercado. La gran mayoría de las solicitudes de obras de Arte, de hecho, eran religiosa y los artistas (que cumplían el papel de trabajadores altamente calificados más que cualquier otra cosa) simplemente tenían que usar su técnica artística aprendida y su propio lenguaje pictórico (propiamente llamado estilo) para contar historias de la Biblia o la biografía de un santo.

En el caso del poder político, sin embargo, al pintor no se le pidió que pensara mucho, no podía preocuparse por expresar su ética o su visión del mundo, pero tuvo que dedicarse a una práctica mucho más simple (si me lo permiten, quizás incluso bien más superficial): idealizar al representante del Poder o del Estado.

En sus orígenes, cuando comenzó a dar sus primeros pasos, el Arte cumplió principalmente con su función apotropaica por excelencia: ser un buen augurio para la caza y la supervivencia, además de la necesidad de poder demostrar su existencia más allá del espacio y del tiempo. En este sentido, la mano hecha en la pared de una cueva es realmente conmovedora, como si dijera: "Yo estuve allí y fui yo". Algunos hábitos se han mantenido sin cambios a lo largo de la historia de la humanidad, uno de ellos es levantar la mano abierta para que la gente sepa que estás allí, como durante la apelación en la escuela.

En un momento determinado de la historia, el Arte se convierte en una profesión y como tal se paga. Aún estamos muy lejos de la independencia económica de los artistas, característica de nuestros días. Los recursos económicos para costear la realización de las obras y mantener al propio artista fueron la peculiaridad de unos pocos sujetos en la sociedad de la época. Por lo tanto, las comisiones principales eran de naturaleza religiosa (el Vaticano y sus representantes más importantes siempre han disfrutado de importantes medios económicos) o políticas (con miras a la monarquía y sus diversos representantes mayores o menores).

La vida del artista no era demasiado complicada desde el punto de vista conceptual; una vez que se había adquirido una buena capacidad técnica y se sabía que los símbolos correctos que se insertarían favorecían la interpretación de una audiencia adoctrinada, la mayor parte del trabajo ya estaba hecho. La redención o el castigo eterno, el bienestar o el poder del Estado, todo había sido codificado y los símbolos volvieron similares a ellos mismos en las diversas obras.

Tenemos un primer aviso de cambio con el artista que quizás menos que nadie en la escena del Arte fue un innovador y creó una brecha con el pasado: Rafael.

Alrededor de 1513-1514, el maestro de Urbino realiza la *Madonna Sixtina*, una de sus obras maestras absolutas que hoy se conservan en la Gemäldegalerie de Dresde. La famosa pintura fue consagrada al conocimiento del público por el famoso detalle de la pareja de angelitos algo aburridos y apáticos que se reproducen con cierta frecuencia en prendas de vestir y cajas de bombones.

Esta obra, quitando la simpatía de los angelitos, que en cualquier caso dice mucho del espíritu con el que fue creada, tiene un carácter fuertemente irreverente y definitivamente está fuera de lo normal.

Si comenzamos a leer el trabajo de la pareja de angelitos, podemos darnos cuenta de que están en un escenario. Los brazos de los pequeñuelos descansan sobre las tablas de madera de un escenario. Mirando a la Virgen, nos encontramos con una aparición que parece respetar todos los cánones visuales: el viento que hincha el velo, la nube bajo los pies de la mujer y un santo a cada lado.

Mirando más de cerca, surge la pregunta: ¿por qué el escenario? ¿Por qué la barra probablemente de hierro ligeramente doblada? ¿Por qué la cortina verde?

¿Quizás Rafael fue golpeado por un ataque de rebelión o una fuerte sátira contra esa religión que siempre ha sido su mejor cliente?

Uno tiene la idea de que Rafael Sanzio casi quiso sugerir que todas esas creencias sobre apariciones, suposiciones y conversaciones sagradas no eran muy diferentes de una hermosa representación teatral popular.

¿Qué sea la representación de la crítica popular y juglaresca de las compañías de teatro que ofrecían sus espectáculos a veces irreverentes en las plazas italianas o uno de los primeros intentos de un artista de dar a conocer su propio pensamiento personal, que en este caso está lejos de las reglas de la institución religiosa?

De una manera muy cínica, dejarme decir que el asunto Rafael que se pudo crear no es tan interesante en este momento.

Es muy interesante vincular este probable primer intento de mostrar la propia voz en una obra que también ha sido aceptada por el Poder. Pero como siempre ocurre en la Historia del Arte, Rafael nunca fue el primero en tener una idea.

Si retrocedemos en el tiempo unos cincuenta años (más precisamente entre 1460 y 1469), nos encontramos con Antonello da Messina, quien creó su *Madonna Salting* que ahora se conserva en la National Gallery de Londres. Un cuadro bonito de eco nórdico en el que podemos ver a una Virgen sosteniendo a su Hijo en brazos y dos ángeles sosteniendo una hermosa corona con sabor a flamenco sobre la cabeza de la mujer. Los ángeles parecen querer revelarnos un secreto. Si miramos de cerca sus alas, podemos ver que no tienen características canónicas. Parecen clavadas, aparentemente no tienen plumas y parecen hechas de papel.

Casi parece que Antonello da Messina quiere sugerirnos que los ángeles tienen alas solo para nuestras necesidades escénicas o de representación. El suyo parece un traje teatral de un diseñador de vestuario novato.

Es difícil no pensar en enfrentarse a una excavación artística en el pensamiento común, que quiere que los ángeles (seres espirituales) con alas (un medio físico y mecánico) puedan volar. Miguel Ángel (Buonarroti) también propuso el mismo pensamiento de forma más velada, de momento que decidió representar ángeles en el acto de volar y sin alas.

Caravaggio tiene un carácter más impetuoso y le encanta ser irreverente; esta es la razón de las prostitutas y amantes retratos como el único amor verdadero, puro y sagrado.

Su pintura se convierte en una voz fuera del coro, una advertencia constante para cambiar el punto de vista y pensar con la propia cabeza, de una manera diferente y no según las reglas establecidas por los demás.

Su fuerte carácter y sus ganas de divertirse lo llevaron casi al desprecio. El Poder fascina y encanta, Caravaggio lo supo muy bien siendo él nacido en una sociedad adinerada y pudiendo tener amistades muy influyentes. Amaba la vida del palacio y frecuentaba de buen grado las habitaciones con frescos y como predecible vástago de la buena sociedad que quizás por aburrimiento o por el deseo de afirmar una personalidad independiente y libre, comenzó a denigrar y oponerse a una sociedad que basaba todas sus convenciones y reglas sobre las enseñanzas del catolicismo.

La historia de Caravaggio nos recuerda un hecho simple: el poder no permite que nadie se vaya sin pagar prenda.

A lo largo de su vida, el poder siguió los pasos de Caravaggio, lo consumió hasta su muerte. Aquella de Merisi fue una lucha continua contra sí mismo y contra la sociedad y fue teatral y barroca hasta el final.

Escena VIII:
La orden de Caravaggio

Si hubiera vivido en nuestros días es casi seguro que Caravaggio habría sido muy sensible al derecho de autor y a la protección de la autoría de la obra de Arte.

El suyo no sería simplemente un deseo justo y legítimo de proteger su obra y recibir la compensación debida (¡un espejismo aún hoy inalcanzable para muchos artistas!), sino que sería la salida de los celos que sentía por sus creaciones.

Por lo general, la mayoría de los artistas, para garantizar un nivel de vida más alto, abrieron un taller de buena gana. Esto les permitió tener un ingreso real de la mano de obra no calificada a la que enseñaban el oficio; más o menos como algunas formaciones que se ofrecen hoy a los recién graduados que desean comenzar una carrera.

Los talleres fueron ambientes animados y muy interesantes, donde vivían muy jóvenes aspirantes artistas (a veces la aspiración era más de los padres, sin embargo, seamos sinceros), en el sentido más literal del término, ayudando al maestro en las tareas más prácticas y aburridas como la producción de el color (cuando era bueno) o la limpieza de la tienda misma. Trabajando para el maestro, primero podrían aprender los rudimentos y luego las sutilezas del Arte de la pintura hasta que estuvieran listos para enfrentar el mundo del Arte solo.

A veces sucedía que el nombre importante del taller podía permitirse el lujo de aceptar más encargos de los alcanzables, tanto después de la impostación inicial por su parte de la obra, los mejores alumnos completaban el trabajo.

Caravaggio, también en este sentido, estaba fuera del coro. Nunca abrió su propia tienda ni quiso una; en parte, la sentencia de muerte y, en consecuencia, la vida errante no lo permitían. Es difícil pensar que un hombre con una personalidad al filo y en contra de la ortodoxia pueda abrir un taller y ser un guía y punto de referencia para los jóvenes que quisieron emprender este camino. El maestro lombardo apenas se había entrenado en un taller y ciertamente no quería revivir ese ambiente.

Tenía modelos femeninos y masculinos, jóvenes ayudantes (ya hemos hablado en detalle de su asistente-amante) pero todo terminó ahí. En su mundo se contemplaba la presencia de gente guapa que animaba su vida, pero nada más.

Su actitud siempre ha sido la de querer crear una cohorte de personas dedicadas a su bienestar y su placer (no sólo sexual sino también existencial) y nada más.

Esta reticencia a enseñar y dar vida a un linaje artístico, sin embargo, no impidió la formación de un grupo de seguidores que se empaparon de sus obras y de los ambientes creados por el maestro, llegando incluso a considerarse un grupo de fieles seguidores: los Caravaggistas.

El grupo de personas que ha sido fuertemente influenciado por el Arte de Caravaggio directamente o indirectamente es bastante impresionante. Este conocimiento, aunque superficial de la cohorte artística de Caravaggio, reservará algunas sorpresas.

Uno de los nombres más conocidos de sus seguidores artísticos es el de ***Orazio Gentileschi***. Personaje bastante fascinante por su cuestionable ética. No es difícil recordar la decisión que tomó este señor para persuadir a su hija de que se casara. En ese momento, la condición de la mujer estaba lejos de disfrutar del más mínimo beneficio social. Dado que la hija estaba dando algunos problemas en la elección del futuro marido, el padre de una manera muy poco romántica (sería lindo contarnos de una aventura caballeresca en la que dos pretendientes se retan en combate singular, pero no fue así) se puso de acuerdo con quien consideró ser la mejor elección y aconsejó al atrevido joven enamorado que violara a la chica. Agostino Tassi, este es el nombre del hombre que cometió el crimen combinado, era un pintor estimado sobre todo por Orazio, que creía que podía encontrar en él un asistente de confianza y un yerno cariñoso. Esta, lamentablemente, no fue la única maldad de este padre cuestionable hacia su hija. Como ni siquiera con la violación decidió casarse, por el contrario, la mujer interpuso una demanda contra el violador y la ganó, pero nunca vio a su torturador cumpliendo la justa sentencia y aunque fuera absurdo ella fue públicamente estigmatizada por la sociedad, Orazio la eliminó de sus voluntades, y luego puso otra vez el nombre de la hija entre los beneficiarios como consecuencia de una maniobra diseñada para convencer a su hija de colaborar con él. Para convencerla, le prometió una disculpa pública, el pago de sus honorarios y volver a ser considerada una hija querida al momento de abrir el testamento. Obviamente, Artemisia trabajó para su padre pintor y luego no solo fue cancelada nuevamente de su testamento paterno, sino que ni siquiera le pagaron lo debido por su trabajo. Orazio es, sin duda, un personaje de características villanas, un poco como Caravaggio, y su pintura ha sufrido una influencia aún mayor por parte del pintor milanés. Lo que lo diferencia del maestro lombardo es el genio y la calidad artística, Gentileschi es un buen pintor, pero lejos de la singularidad de Miguel Ángel Merisi y sin duda menos dotado que su hija.

Mucho se ha escrito sobre **Artemisia Gentileschi** y aún más ficcionalizado. Sus *Judith y Holofernes* conversan con las obras del maestro como si fueran viejos amigos de la escuela, sin ese asombro que pueden surgir de las obras menores hacia las del gran artista. Artemisia es una mujer que en vida tuvo que afrontar momentos muy difíciles y tras su muerte su situación no cambió mucho. Su relato de la violación que sufrió es simplemente aterrador:

Serrò la camera a chiave e dopo serrata mi buttò su la sponda del letto dandomi con una mano sul petto, mi mise un ginocchio fra le cosce ch'io non potessi serrarle et alzatomi li panni, che ci fece grandissima fatiga per alzarmeli, mi mise una mano con un fazzoletto alla gola et alla bocca acciò non gridassi e le mani quali prima mi teneva con l'altra mano mi le lasciò, havendo esso prima messo tutti doi li ginocchi tra le mie gambe et appuntendomi il membro alla natura cominciò a spingere e lo mise dentro. E li sgraffignai il viso e li strappai li capelli et avanti che lo mettesse dentro anco gli detti una stretta al membro che gli ne levai anco un pezzo di carne[18].

Después de este horrible crimen se sometió a un juicio que la vio reconocida en su papel de víctima violada pero que fue en sí misma una pequeña victoria ya que la sociedad (la peor de los tribunales) dio más crédito a los falsos testimonios pagados. Así Artemisia además de sufrir una violación, además de tener que declarar sin tiempo para superar el trauma psicológico (tuvo que contar una y otra vez lo sucedido y también tuvo que pasar por numerosos y humillantes reconocimientos

---

[18] Cerró la habitación con llave y luego de cerrarla me tiró al borde de la cama dándome una mano en el pecho, me puso una rodilla entre las piernas para que no las pudiera apretar y me levanté mi ropa, que hizo un gran esfuerzo por quitarme, puse una mano con un pañuelo a mi garganta y en mi boca para que no gritara y las manos que antes me sostenía con su otra mano me soltaba, habiendo él puesto primero sus dos rodillas entre mis piernas y metiendo su miembro a mi naturaleza empezó a empujar y ponerlo dentro. Y le rasqué la cara y le arranqué el pelo y antes de que lo metiera también le di un apretón en el miembro que también le quité un trozo de carne.

ginecológicos) también tuvo que sufrir la vergüenza que le dio la sociedad que escribió numerosos sonetos denigrándola y llamándola vulgarmente

puttana bugiarda che va a letto con tutti[19].

Sin embargo, esta mujer fuerte y única, a pesar de todo, llevó una vida que para definir moderna es muy poco. Abre su tienda, se mantiene con su trabajo y sale de casa para comprar cuando necesita y va sola a comprar los colores para hacer sus obras. No hace falta recordarnos que, en ese momento en Italia, este estilo de vida se consideraba depravado. Artemisia hará más, como buena revolucionaria que desestabiliza el sistema (¡el parecido con Caravaggio es evidente!), recaudará el dinero suficiente para poder garantizar la dote a sus hijas. Todo esto evidentemente con el agravante de un marido (mientras tanto ella también se había casado) que ejercía la profesión de pintor sin gran éxito pero que era un excelente derrochador.

Después de su partida, las luchas no terminaron. Será un puñado de mujeres que quieran violar su intimidad y drama. De hecho, con la llegada del feminismo, quisieron tomar nuestra Artemisia como una ferviente feminista ante litteram. Esta consideración imprudente surge de una lectura superficial de sus obras y de su representación más frecuente: Judith le corta la cabeza a Holofernes, la mujer se venga del hombre.

---

[19] puta mentirosa que se acuesta con todos.

El de Gentileschi, sin embargo, no es más que un intento extremo de superar el trauma que nunca ha podido superar por completo.

El Arte de Merisi y el de Gentileschi están profundamente vinculados por el fuerte impacto violento tanto de las escenas como de los colores y también por la tendencia a hacerlo todo teatral y plausible. No olvidemos el carácter fuerte de ambos que se expresa sin duda a través de las escenas pintadas, pero también, y, sobre todo, por la autoconciencia. Artemisia creará una alegoría de la Pintura: un autorretrato de ella mientras se dedica a pintar, como para decir que ella misma es la Pintura. Una confianza en sí mismo digna del propio Caravaggio.

A pesar de esta dura biografía, Artemisia también encontró una manera de divertirse y ser ella misma. Según estudios recientes, también le gustaba mucho la vida nocturna y pasaba sus tardes en tabernas, donde nunca se reprimía si había diversión.

Otro pintor que sufrió la fuerte influencia de Miguel Ángel fue **Francesco Boneri**, dicho Cecco di Caravaggio. Él mismo, el ayudante-amante que a menudo fue retratado por el maestro milanés como su modelo favorito y al que atribuyó las características de *Amor vincit omnia (El amor victorioso)*. Por el apodo que le dieron es fácil entender que el pertenecer a Caravaggio era muy fuerte, por otro lado, ya hemos hablado de su relación.

El más curioso de todos sus discípulos (aunque indirectamente) fue **Giovanni Baglione**. Él, ese Baglione que fue objeto de tantas burlas (muy pesadas y calumniosas) por parte del propio Caravaggio. Culpable de haberse inspirado tanto en el Arte de su amigo lombardo que fue acusado por él de plagio. Una amistad entre los dos, sin duda, poco aburrida: admiración por parte de Baglione, burla calumniosa por parte de Caravaggio; no son exactamente las mejores condiciones para una amistad larga y sana.

Es de **Bartolomeo Manfredi** de la zona de Cremona (para ser precisos de Ostiano) el premio de Caravaggista más intenso. A pesar de su fuerte carga pictórica, sin embargo, fue penalizado por la historia y hoy es casi desconocido. Esta pobre fortuna crítica suya se debe principalmente al rumor que había circulado sobre él según el cual era un falsificador y creaba obras con la intención de venderlas como si fueran de Caravaggio. Evidentemente, esto es lo que les pasa a quienes ponen muy poco de sí mismos en la creación artística. Un verdadero artista es aquel que logra volverse inmortal y para eso debe inculcar en su Arte la visión que caracteriza su vida. Copiar obras ajenas requiere una buena dosis de técnica y habilidad, pero no es la opción más incisiva y el olvido te espera, como debe ser.

El pintor de origen ítalo-suizo **Giovanni Serodine** se formó en el estudio y observación de las obras de Caravaggio. Con la consecución de su madurez artística llegará incluso a llevar el drama de sus lienzos al punto de ser casi visionario.

En la zona de Génova encontramos **Domenico Fiasella**, **Gioacchino Assereto**, **Orazio De Ferrari**.

Mientras en Nápoles no debemos olvidar **Battistello Caracciolo** y **Carlo Sellitto**.

Roma en este momento era un centro importante no sólo para la formación de nuevas generaciones de artistas, sino también era el centro más neurálgico del mercado del Arte.

Una de las mayores aspiraciones de la mayoría de los artistas era trasladarse a Roma. Entre las comunidades de artistas extranjeros presentes en la Ciudad Eterna encontramos la de los holandeses. Entre ellos hay muchos Caravaggistas como **Hendrick ter Brugghen** y **Gerrit van Honthorst**. Este último después de su aprendizaje en Italia incluso obtuvo el patrocinio de Charles I Stuart. Fue un pintor muy prolífico y nos dejó una impresionante cantidad de obras, pero las que tuvieron mayor éxito de público fueron las que denotaron una mayor influencia por Caravaggio. Baste decir que fue precisamente por sus escenas a menudo representadas en tabernas, con músicos, apostadores o gente sencilla decidida a comer que pasó a la historia como *Gherardo delle notti*[20]. Aprendió tan bien la técnica del claroscuro que le enseñó indirectamente Caravaggio que a menudo nos ofrecía escenas iluminadas simplemente por una sola vela, dándonos así sugerencias que no solo hacían justicia a su habilidad y a su nombre artístico, sino también a toda la inspiración infundida por la obra de Miguel Ángel Merisi.

Incluso entre los artistas franceses, algunos se han sentido fascinados por la gramática de Caravaggio.

Entre los pintores franceses más importantes que han sufrido una fuerte influencia del maestro lombardo hay nombres de todo respeto: **Louis Le Nain**, **Valentin de Boulogne**, **Simon Vouet**. Nombres que lamentablemente no dicen mucho al público en general, porque son injustamente considerados de segunda categoría por curadores y críticos.

---

[20] Gherardo de las noches

Entre los pintores más conocidos en este momento en Francia tenemos **Georges de La Tour**; nacido en el seno de una familia adinerada (un poco como nuestro Caravaggio), hace su viaje de formación a Roma y aquí también descubre el mundo de luces y sombras del maestro milanés. La pasión que siente por este estilo pictórico lo llevará a ser un importante representante del arte barroco de los Alpes, reuniendo tanto consenso que se ha convertido nada menos que

pintor ordinario del Rey.

A pesar de la fuerte influencia que siente Georges de La Tour en las obras de Caravaggio, no se limita a seguir el estilo del maestro (como muchos lo han hecho) sino que imprime su visión personal en el mundo del claroscuro de Caravaggio tanto que ahora es posible ponerlos comparado como dos polos opuestos. Muy interesante, en este sentido, es el pensamiento del escritor francés André Malraux según el cual Georges de La Tour frente a Caravaggio

interpretó el lado sereno de la oscuridad.

Malraux elogia al compatriota escribiendo que

hizo falta su genio para concebir un Caravaggio transparente.

Sin embargo, al observar detenidamente las obras de Georges de La Tour, uno se da cuenta de otro factor: el pintor francés, tan sereno y transparente, realiza obras fuertemente influenciadas por Caravaggio, pero no logra dar carne y sangre a sus figuras, que permanecen rígidas y agradablemente nórdicas. Quizás los puntos fuertes identificados por Malraux resultaron ser un arma de doble filo que se volvió contra su propio dueño; si De La Tour hubiera sido un poco menos sereno, habría ofrecido algo más de emoción. Un aspecto que lo une a todos sus compañeros Caravaggistas es el del expediente de la luz de las velas que ilumina la oscuridad; la vela representa el límite que el pintor Caravaggista en general no superó, de hecho, Caravaggio no necesitó una fuente de luz para justificar el brillo bien estudiado e inteligente de sus obras, para él la luz era protagonista de la obra y no un efecto surgido de una fuente. Merisi se atrevió más, dando un valor casi humano a esta presencia mientras que para todas las demás fue un complemento (aunque importante) de la escenografía.

España merece una discusión aparte, ya que el condicionamiento del Arte de Caravaggio no afectó a artista secundarios, sino a los padres fundadores del Arte español.

Entre las personalidades artísticas influenciadas por Caravaggio encontramos a quienes no solo representan la historia de la pintura española, sino que durante siglos han sido los maestros de generaciones de pintores: *Francisco de Zurbarán*, *Bartolomé Esteban Murillo* y *Diego Velázquez*.

Una mención especial la merece un italiano por adopción como *Jusepe de Ribera*, en Italia conocido por el apodo Lo Spagnoletto (El Españolito). Nacido en España, por supuesto, decidió trasladarse a Nápoles donde permaneció hasta el final de su vida. Su papel en el Arte napolitano fue de verdadero protagonista y lo encontramos en compañía de nombres como Luca Giordano, Mattia Preti y Salvator Rosa. Su pintura se caracteriza fuertemente por el estilo tardío de Caravaggio, al que los historiadores han etiquetado con el nombre de "tenebrismo", que como su nombre indica se caracteriza por atmósferas particularmente oscuras y lúgubres.

Tras un largo período de olvido, Caravaggio volvió a dar lecciones de Pintura y entre los alumnos sentados en los pupitres de su escuela encontramos *Jacques-Louis David*, *Francisco Goya*, *Théodore Géricault*, *Eugène Delacroix* y *Gustave Courbet*.

Todo esto solo puede hacernos reflexionar sobre la importancia y la fuerza de la pintura de Miguel Ángel Merisi, que con sus obras ha condicionado (y sigue condicionando) la Pintura europea.

ENTRE BASTIDORES

Escena I:
El diseñador

Entre las muchas obras del maestro lombardo, hay una muy bonita; no tanto por la escena contada como por la elección de nuestro pintor, que la llevó a explorar un campo tan moderno que fácilmente se puede considerar nuestro contemporáneo.

Caminando por las habitaciones de los Uffizi, en un momento nos recibe en una habitación de tamaño modesto una dama que grita. Es una de las obras más incisivas de la Historia del Arte italiano.

Medusa nos mira con los ojos y la boca bien abiertos en un grito ensordecedor y silencioso. Tras el desconcierto inicial dado por tanta belleza fatal, dando la vuelta al estuche que alberga esta maravilla, nos damos cuenta de que la obra no es un cuadro real sino un escudo decorado por Caravaggio.

La elección del soporte es definitivamente inusual, pero como es nuestro Caravaggio no podemos esperar demasiada normalidad.

Evidentemente no era tan inusual decorar los escudos, en los museos etnográficos y arqueológicos podemos admirar increíbles maravillas realizadas en cada momento de la historia humana. Las armaduras de desfile, las que se usaban en las ceremonias, iban acompañadas de espadas o escudos que son verdaderas obras de Arte.

Uno se pregunta si este también es el caso del escudo de Caravaggio.

En 2002, la restauración se completó tras el cobarde ataque a Via dei Georgofili (Florencia) en 1993[21]. La obra sufrió daños mínimos, pero siendo que se encontraba en un difícil estado de conservación se decidió restaurarla (la restauración fue realizada por Stefano Scarpelli y Caterina Caneva), así se confirmó su clasificación entre los escudos de desfile típicos del siglo XVI y en particular habría sido hecho para la armería de Ferdinando I de' Medici.

Evidentemente, todo es posible y todo es probable hasta cualquier negación futura, por otro lado, sabemos perfectamente que la Ciencia siempre está dispuesta a actualizarse.

---

[21] La mafia italiana detonó un coche bomba. A causa de este ataque, murieron personas (inclusos niños) y se arruinaron algunas obras de Arte.

Sin embargo, se debe tener cuidado de no perder de vista el aspecto principal de esta obra maestra única en su tipo.

Habitualmente, las decoraciones metálicas o pintadas que se pueden ver en los escudos cumplían la función de decoración del objeto, convirtiéndose en un valor agregado.

Un hecho extraordinario ocurre en la *Medusa* de Caravaggio: el objeto desaparece a favor de la decoración, tanto que para la mayoría de la gente podría ser un descubrimiento.

Decorar armaduras y escudos con la cara de Medusa es una práctica que nos remonta a la época romana; ante ellos encontramos a los etruscos que, dándole un fuerte valor apotropaico, utilizaron su imagen como decoración de las antefijas (es decir, las coberturas que se colocaron en la cabecera de las vigas del techo o como oclusión de los canales terminales de las tejas).

Todos estos objetos se perciben siempre por su función y se les da el justo valor añadido que aporta la decoración creada. Para la *Medusa* de Caravaggio esto no sucede fácilmente.

Con un poco de coraje y una buena dosis de crueldad, Caravaggio podría definirse como uno de los primeros diseñadores de la historia.

El fenómeno del diseño pertenece principalmente a nuestra era ya que está fuertemente ligado a la producción industrial. Con una producción en masa que permite una reducción de los costos de producción y, en consecuencia, una bajada del precio de compra, la primera característica a sacrificar fue la Belleza, que se sabe que aumenta los costos de producción de manera exponencial.

Para que un objeto no sea simplemente funcional, sino que tenga la dosis justa de Belleza (que no aporta nada a la funcionalidad, pero que te hace vivir mejor), había que recurrir a trabajadores altamente especializados que, con un uso masivo de tiempo, medios y conocimientos, creaban objetos. único, que pocos podían permitirse.

Con el florecimiento de la industria, se desperdició mucha Belleza, pero en algún momento alguien se opuso a esta tendencia. Así nació el equipo de diseñadores, personas comprometidas en la lucha diaria a favor de la Belleza (a veces incómodo y difícil de usar, pero aún hermoso).

Desde los tiempos prehistóricos, el ser humano ha dedicado tiempo y energía a decorar objetos cotidianos, transformando lo que podría ser banal y útil en algo bello, útil y refinado. Aunque con diferentes medios y resultados, esto continúa incluso entre las producciones de distribución masiva, donde la Belleza quizás se reduce a la médula, pero aún intenta señalar su pálida presencia.

El trabajo del diseñador tiene éxito cuando un objeto mantiene su función, permanece reconocible, pero adquiere una belleza única que quizás antes no le pertenecía.

Con su *Medusa*, Caravaggio tiene todas las credenciales para ser considerado una estrella entre los diseñadores.

La intensidad que alcanza con su pincel al crear la cabeza cortada de la gorgona es tal que ya no nos hace percibir la banalidad del objeto que decora. Estamos ante un simple escudo de madera (técnicamente, llamado rodela): nada excepcional, si nos limitamos a observar el objeto. Un soporte banal, si queremos, para una obra que se ha convertido en una de las más famosas y reconocidas a nivel mundial.

Esta obra representa un punto de inflexión en la historia del Arte, precisamente por el impacto perceptivo que aún suscita en el público de hoy.

Caravaggio fue el primer gran artista que puso su Arte a disposición de la decoración de objetos, destacando tanto la Belleza que el objeto desapareció; una tendencia tan moderna que podemos encontrarnos fácilmente en ella hoy.

Tal vez, a algunos de nosotros nos haya surgido una pregunta mientras visitábamos una exposición o galería de diseño: ¿cuál es el propósito del objeto que estoy viendo?

Esto sucede porque la búsqueda de la Belleza (que a veces es tan subjetiva que resulta incomprensible) ha llegado a minimizar la utilidad de un objeto. Sin embargo, debemos tener cuidado, este fenómeno no tiene por qué ser considerado negativo. Por sí solo, cada objeto (incluso el más banal) se elige por su forma o color (en definitiva, tanto como logre ser bello) y el ser humano siempre intenta rodearse de Belleza en la medida de lo posible.

Caravaggio se puede entender fácilmente como el padre del diseño moderno precisamente para hacernos olvidar el escudo en favor de su cabeza de Medusa.

Evidentemente, Miguel Ángel Merisi no tenía la menor intención de sembrar una semilla que daría frutos unos siglos después. Cualquier consideración posterior de este evento debe, por honestidad intelectual, considerar siempre la arbitrariedad de las elecciones de los artistas. En mi opinión, no es un error imperdonable si colocamos a Caravaggio entre los diseñadores más exitosos que han sublimado, gracias a su trabajo, la necesidad humana de Belleza, que es el fin último del diseño.

No el sorprender con creaciones particularmente increíbles o fuera de lo común, sino el deleitar la vida cotidiana (que, lamentablemente para nosotros, a menudo es banal) con una belleza extraordinaria.

Escena II:
El Arte de los caprichos

El Arte pasa la mayor parte de su existencia en el intento de no asfixiarse entre las necesidades de los poderes que requieren su obra.

No hay artista que sea completamente libre para expresarse sin ningún tipo de influencia del mercado, religión o poder político. La independencia absoluta de esta tríada (a veces diabólica) podría ser la causa de la invisibilidad total del artista que decide experimentar su Arte sin involucrarse en estos poderes fuertes. Lamentablemente lo sabemos bien, la habilidad y el genio no son suficientes para tener éxito en la vida, siempre necesitas un poco de suerte y los contactos adecuados.

Simplemente: o sigues el juego o ni siquiera eres mínimamente considerado.

A lo largo de los siglos, hemos tenido artistas que han sabido desenredarse de manera brillante entre las exigencias del poder y la necesidad de expresarse. Alguien ha desarrollado dos líneas de producción artística (una que hace un guiño al poder y otra más íntima y personal), otros más han ocultado detalles en las obras con la esperanza de que alguien de la audiencia los note y los codifique; otros trabajaron duro para poder lograr la seguridad económica de modo que pudieran sentirse libres de hacer lo que más querían hacer, independientemente de las comisiones e ideas de los clientes.

Nuestro Caravaggio ha incluido muy a menudo en trabajos que le encarga particulares (a veces no tan ocultos) que revelan sus pensamientos o incluso simplemente el deseo de burlarse del público o de los clientes.

Ya hemos entendido que el maestro milanés fue un personaje extremo en sus elecciones. Pero no podemos dejar de hacer justicia a su inigualable dominio y sus elecciones en el campo artístico. Para Merisi, la obra de Arte debe seguir siendo creada con especial atención a las comisiones y al mercado, porque siguen siendo el único canal posible para poder sostenerse a través del Arte. El trabajo autónomo en el campo artístico comenzará a ser una posibilidad solo un par de siglos después, una época en la que Wolfgang Amadeus Mozart recorrerá nuestra vieja Europa por todas partes.

A pesar de esta atención hacia los clientes, obviamente completamente interesados, Caravaggio nunca ha perdido la oportunidad de poder contar su visión de la realidad, obviamente siempre y solo en colores fuertes.

Sin saberlo, Miguel Ángel Merisi indicó una dirección completamente nueva para el Arte y esta oportunidad será aprovechada más de un siglo después por el famoso pintor español Francisco José de Goya y Lucientes, conocido por todos simplemente como Francisco Goya.

Pese a la importante diferencia de época entre los dos maestros, la cercanía de su Arte es impresionante e incluso parece que Goya toma la paleta de Caravaggio como ejemplo para crear la suya. Los marrones y los negros son tan similares que crean un diálogo real a expensas de la distancia espacio-tiempo aparentemente infranqueable.

Los ochenta grabados ejecutados por Goya, que sin lugar a dudas puede ser considerado uno de los padres de la pintura española, y que llevan el título de Caprichos son un exitoso intento de poner de relieve los vicios, bajezas y aberraciones de la sociedad.

El pintor español desempeña el difícil y peligroso papel de retratista objetivo de la realidad sin hacer ningún descuento a nadie, sólo recuerden los retratos de la Familia Real donde reyes con rostros no precisamente hermosos y expresiones poco alertas están rodeados de personajes igualmente cuestionables.

El capricho en sí mismo es una forma de arte altamente libre, que surge de la necesidad del autor de sentirse libre de restricciones en la elección estilística y el contenido de su obra. Este tipo de realización tiene un valor puramente personal ya que no nace para satisfacer los favores de un cliente específico.

El artista exhibe sus sentimientos y pensamientos o consideraciones en total libertad y esto, con gran sorpresa en su momento, aún pudo encontrar el favor del público. Porque sabemos, los pensamientos personales de cada uno de nosotros pueden ser compartidos por muchos.

A pesar de esta importante similitud entre los dos pintores, su Arte está dedicado al capricho de una manera diferente.

Caravaggio centró su atención en el aspecto más espiritual de la existencia burlándose del público sobre cuestiones puramente religiosas y morales; la mayoría de los "juicios" cortantes expresados en su pintura giran en torno a los dogmas impuestos por la religión, y al deseo de asombrar a toda costa yendo en contra del pensamiento común.

Para Goya, el objeto de sus caprichos es esencialmente la sociedad formada por seres humanos cuestionables, a veces estrechos de miras y no realmente ilustrados por la razón.

Sus grabados pueden leerse como verdaderos ataques satíricos a esa sociedad que el artista no solo no pudo comprender del todo, sino que consideró impregnada de fealdad.

Así como Caravaggio nunca ha tratado de ocultar las referencias sarcásticas y provocativas en sus obras, Goya también ha subrayado de todas las formas posibles los verdaderos significados de sus tablas, incluso si (anticipándose a las películas y series de televisión que hacen estragos en la actualidad) quería señalar que todo fue fruto de su imaginación.

Dado que la mayoría de las cosas representadas en esta obra son de naturaleza mental, no será temerario creer que los entendidos quizás excusen sus defectos, especialmente porque el autor no ha seguido los ejemplos de otras personas, ni ha podido copiar la naturaleza. Y si la imitación de la naturaleza es suficientemente difícil y admirable cuando tiene éxito, incluso quien, alejándose por completo de ella, se vio obligado a exhibir formas que hasta ese momento existían solo en el espíritu humano, oscurecidas, ciertamente ganará cierta estima y confundido por la falta de iluminación o sobrecalentado por el desenfreno de las pasiones.

Sin embargo, algo no está bien en este intento extremo de no ser acosado excesivamente por las autoridades encargadas en ese momento, entre las que no podemos olvidar la Santa Inquisición (aunque tuviera muy poco de santo). Entre las caricaturas y los rostros representados se ocultaban personajes con nombres y apellidos fácilmente reconocibles.

El mismo Charles Baudelaire escribió

Frailes bostezos, frailes jolgorios, rostros cuadrados de asesinos preparándose para la mañana, rostros astutos, hipócritas, agudos y malvados como perfiles de aves rapaces, brujas, [...] sábados, diabluras, niños asados al asador, ¿qué sé yo? ¡Todo el desenfreno del sueño, toda la hipérbole de la alucinación, y luego todos los esbeltos blancos españoles que ciertos viejos perpetuos lavan y preparan para el sábado, o para la prostitución de la tarde, el sábado de nuestra civilización!

Caravaggio y Goya comparten una visión que hará que el Arte sea lo que conocemos hoy: no al servicio del cliente sino un canal de transmisión de pensamientos e ideas.

El capricho se hará cada vez más presente en el Arte, hasta que se purifique por completo, liberándose de las presiones de las ideologías de diversas comisiones.

Para liberarse del poder constituido por la política, la aristocracia y la religión, el Arte tuvo que pagar un alto precio y comprometerse con el diablo: el mercado.

Este fenómeno está ante nuestros ojos, todos los días. El poder ahora se concentra en manos del mercado que determina no solo el valor de los bienes y el dinero, sino también el valor de la creación artística y del ser humano.

Escena III:
La influencia de Borromeo

A pesar de la necesidad de libertad de expresión y crítica que siempre ha sido invocada por las obras de Arte, siempre existe la necesidad de una figura carismática para lanzar una moda o un artista. Hoy esta tarea corresponde a los divulgadores y críticos de Arte (aunque por momentos parezcan vendedores, más que verdaderos críticos), que han dormido su sentido crítico a favor de la sensibilidad económica que se desarrolla con los porcentajes vinculados a ventas de las obras que patrocinan.

En la época de Miguel Ángel Merisi (y durante algunos siglos más) las personas de influencia más importantes fueron los altos prelados de Santa Iglesia Romana, quienes a menudo eran más activos en el mundo secular que al espiritual.

Entre estos, destaca la figura de un cardenal milanés, Federico Borromeo, primo del mucho más conocido Carlos Borromeo, una figura importante y muy interesante de la iglesia milanesa.

Por respeto al rango jerárquico alcanzado y por una antigüedad más simple, partimos de San Carlos.

A pesar de su santificación, Borromeo era un personaje curioso, más adecuado para una película o guión teatral que para un cuento hagiográfico.

Nacido en Arona, en lo que hoy es la orilla piamontesa del lago Maggiore, es sin duda el personaje más famoso de la noble familia milanesa que aún reside en la capital lombarda.

Durante cierto tiempo fue contemporáneo de Caravaggio (nacido en 1571) desde que murió el 3 de noviembre de 1584.

Sin duda, siendo Borromeo uno de los grandes reformadores de la Iglesia Católica (junto con San Ignacio de Loyola y San Felipe Neri), el Arte de Caravaggio se inspirará mucho en los cambios implementados por San Carlos.

Evidentemente, el pleno desarrollo de las ideas contrarreformistas de Borromeo tuvo lugar durante la plena madurez de Caravaggio, quien absorbió muchas ideas. El pensamiento de San Carlos no solo se dirigió a los aspectos teológicos e ideológicos sino también a los de carácter social y cultural. Su amor fraternal y protector por sus hermanas era tan fuerte que solo coincidía con su sentimiento misógino.

No tenía una opinión muy positiva de las mujeres, de hecho, se puede decir que su visión del mundo femenino era muy mala. Para ser justos, solo dos categorías de mujeres pudieron gozar de la admiración de Borromeo: las hermanas y mujeres encerradas en conventos. Sé que no es mucho, pero es mejor que nada, como dicen.

Si pensamos entonces que uno de sus mayores alardes fue el de no haber dirigido nunca una palabra a una mujer, el círculo se cierra con un bonito golpe de teatro.

Mucho se ha dicho sobre esta ola de misoginia propagada por las ideas de Borromeo, algunas informaciones son el resultado de pura fantasía mientras que otras son históricamente aceptadas y fundadas.

Si è atteso anco a purgare la valle dalle streghe la quale era quasi tutta infestata di queste peste con perdizione di molte anime, tra le quali molte si erano ricevute misericordiosamente a penitenza colla abiurazione, alcune date alla corte secolare come impenitenti con pubblica executione della giustizia[22].

---

[22] También se ha esperado purgar el valle de brujas que estaba casi en su totalidad infestado por estas plagas con la perdición de muchas almas, entre las cuales muchas habían recibido misericordiosamente en penitencia con abjuración, algunas entregadas a la corte secular por no arrepentirse con la ejecución pública de la justicia.

Estas palabras fueron dirigidas el 9 de diciembre de 1583 por Borromeo al cardenal Paleotti. Durante la visita en el Valle Mesolcina se registraron 162 juicios y 12 terminaron con pena de muerte para los imputados, solo uno de ellos era hombre (además era nada menos que el rector de la Colegiata de San Vittore). Estas ejecuciones se llevaron a cabo de la manera más impresionante posible (los condenados fueron quemados vivos y boca abajo) para aprovechar la técnica del terror; cuanto más se conmocionaba la gente, menos intentaban rebelarse contra las nuevas visiones de la realidad. Sin considerar que, en cualquier caso, tanto en esa época como en la actualidad, el gusto morboso por la violencia y el dolor ajeno siempre ha estado bien arraigado en la mayoría de la población.

Por otro lado, es bien sabido, el ser humano es capaz de escalar los picos más altos de la Belleza, pero también de descender a los abismos de las peores atrocidades.

En este clima de continuas amenazas y tensiones, no solo vivió nuestro Caravaggio, sino que también sufrió la vergüenza de la pena de muerte. El tema de la condena y el morbo suele estar presente en la pintura de Caravaggio. Además, parece haber un extraño vínculo entre las Vírgenes de Caravaggio y la idea predominante de mujer en ese momento.

El hecho de que la mayoría de las Vírgenes sean prostitutas reconocidas (y también reconocibles por la gente de la época) puede ser un recordatorio muy fuerte del pensamiento de la época que vio en cada mujer el origen del mal y la perdición. Evidentemente, todo aderezado con la dosis de irreverencia que siempre caracteriza las obras de Merisi.

Otra cruzada apoyada por Borromeo fue aquella contra todo tipo de diversión y celebración, tanto que quiso prohibir y proscribir casi cualquier ocasión de celebración, junto con la moda (masculina y femenina) que podría ser causa de perdición y posible atractivo erótico. Entonces, solo para complacer, además de prohibir las vacaciones, se ha prohibido la pompa y sobre todo el color, a favor de un negro mucho más moderado.

Negro en todas partes y para todos, incluido el Arte, por supuesto.

Como respuesta por parte del Art, siempre atento a los cambios en la sociedad, los colores parecen desaparecer de casi todas las paletas de moda y el negro se apodera de todo el espacio posible de los lienzos.

Caravaggio es el mayor maestro del uso del negro y enseñará a la mayoría de sus compañeros pintores. Entre los colores es el que más transmite misterio, elegancia (enseña Chanel) y no olvidemos que crea un juego de luces único, dando un grosor y un relieve increíbles a las figuras.

Sin embargo, en este caso también transmite un ligero eco de tristeza; se prohibieron los colores para transmitir una sensación de mesticia que debía castigar hábitos considerados demasiado festivos y frívolos.

Otro Borromeo también tuvo una influencia muy fuerte en la vida de Caravaggio: Federico Borromeo, primo de San Carlos. Mucho se ha hablado de él, especialmente por parte de Manzoni, que quería que estuviera entre los personajes más destacados e importantes de su libro *Los Novios*.

Fue un hombre raro en cualquier época, que empleó un excelente ingenio, todos los medios de una gran opulencia, todas las ventajas de una condición privilegiada, una intención continua, en la búsqueda y el ejercicio de lo mejor.

La descripción tomada del trabajo más conocido de Manzoni tiene algo de verdad. De hecho, junto a su primo, Federico fue uno de los más grandes reformadores culturales del norte de Italia (basta pensar que, en el coloso de Arona, se representa a San Carlos con un libro en la mano).

Su compromiso con la difusión de la cultura le llevó a abrir la Biblioteca Ambrosiana en 1607, como también recuerda Manzoni en el capítulo XXII de su obra, donde podemos leer que

> *esta biblioteca ambrosiana que Federigo concibió con tanta brillantez enérgica y erigió, con tanto esfuerzo, desde los cimientos.*

Es lindo pensar que, hoy en día, el famoso *Cesto con frutas* que decretó el inicio de la carrera de Miguel Ángel Merisi se encuentra justo en la Ambrosiana, la casa de aquel Federigo Borromeo que la compró durante su estadía en Roma en el palacio del Cardenal del Monte.

El primer documento que certifica la propiedad de Borromeo de la pintura data del 17 de septiembre de 1607:

> *Un quadro di lunghezza un braccio, et di tre quarti all'incirca di altezza, dove in campo bianco è dipinto un Canestro di frutti parte ne rami con lor foglie, et parte spiccati da essi*
> *fra questi vi sono due grappoli d'uva, uno di bianca et l'altro di nera, fichi, mele, et altri di mano di Michele Agnolo da Caravaggio*[23].

El vínculo que existe entre los dos altos prelados milaneses y su pintor compatriota es muy estrecho e implica no solo el aspecto histórico y personal sino también, y sobre todo, la formación cultural.

---

[23] Un cuadro de un brazo de largo, y aproximadamente tres cuartos de alto, donde sobre un campo blanco se pinta un cesto con frutas, parte de las ramas con sus hojas, y parte de ellas destacan/entre estos hay dos racimos de uva, uno blanco y/el otro en negro, higos, manzanas y otros de la mano de Miquel/Agnolo de Caravaggio

Escena IV: *¡Escándalo!*

Una vez, siempre en la época en que Caravaggio paseaba por el escenario artístico junto a los Carraccis, Guido Reni, Domenichino y Guercino, el célebre Giambattista Marino escribió:

El objetivo del poeta es la maravilla
(Hablo de los excelentes y no de los torpes):
quien no sepa sorprender, ¡vaya preparar los caballos!

Marino ya había entendido que la Poesía (y en general podemos extender la discusión a todo el Arte) no necesariamente tiene que dedicarse a la Belleza, un concepto tan voluble como poco definible, pero debe asombrar y crear maravilla.

El asombro debe pasar por el refinamiento y la belleza de las formas, la técnica depurada y la armonía de las formas. Es poco probable que lo *torpe* suscite asombro, es más probable que sea la fuente de críticas y la confirmación de la falta de una mínima adquisición técnica.

Aparte de los torpes intentos de crear Arte, que suelen ser realizados por neófitos o por personajes improvisados y desprevenidos, la maravilla permanece; antes de continuar, dejamos que el diccionario nos ayude con la definición de esta fascinante palabra:

Un sentimiento vívido y repentino de admiración, de sorpresa, que uno siente al ver, escuchar, saber algo que es o parece ser nuevo, extraordinario, extraño o inesperado.

Aunque en el imaginario común el concepto de maravilla tiene un valor positivo, la definición del diccionario no da demasiadas indicaciones precisas al respecto, se especifica que este sentimiento proviene de cosas extraordinarias, extrañas e inesperadas.

Lo extraño, siempre de la definición del diccionario, es

diferente de lo habitual o común, de lo normal, muy singular, para despertar asombro y curiosidad

mientras que si el adjetivo se refiere a una persona:

referido a una persona, que tiene un carácter, una forma de pensar y sentir y en general un comportamiento diferente al de la mayoría de los hombres; dijo especificadamente de aquellos que están más bien encerrados en sí mismos, más inclinados a pensar y fantasear que a hablar.

No cabe duda de que Caravaggio era una persona extraña y que se dedicó a la creación de obras extrañas. Nuestro Miguel Ángel Merisi es un artista que ha sabido (y aún hoy lo sabe) crear asombro con sus obras.

El tema del asombro y de la maravilla nos lleva a un problema milenario que perturba las noches de insomnio de críticos y amantes del Arte: ¿cuáles son los límites que deben respetarse en la búsqueda del asombro?

Antes de entrar en la discusión, es bueno aclarar dos aspectos que se confunden con demasiada frecuencia en el campo artístico (y que se reflejan bien también en la vida): la *ética* y la *moral*.

Ampliemos un discurso que ya hemos tocado hace unos capítulos.

La ética es una doctrina real que investiga el comportamiento práctico del hombre frente a los dos conceptos básicos de la existencia que son el bien y el mal. El origen griego de la palabra nos trae los significados de "comportamiento", "carácter" y "costumbre".

La moral, por otro lado, es una elección libre del individuo o la comunidad con respecto al comportamiento de uno. Las elecciones morales suelen tener su origen principalmente en la realidad social y política, obviamente también se refieren al conjunto de tradiciones del individuo o sociedad a la que pertenece.

Si bien la ética tiene un valor más universal y sobrevive al tiempo y a los cambios en las sociedades y tradiciones, la moralidad puede variar con la realidad social y las ideas políticas.

La ética no requiere un esfuerzo real de comprensión, precisamente porque es un valor que no está sujeto a variación; en cambio, para entender la moral es necesario conocer la realidad social y política y por tanto hay que hacer un esfuerzo por alejarnos de nuestra moral actual para abrazar (aunque sea temporalmente) la de la época que despertó nuestro interés.

Ahora, gracias a esto, aunque sea una aclaración mínima y superficial sobre estos dos aspectos importantes de la vida y el conocimiento humanos, dejemos todo a un lado y olvidemos las diversas éticas y morales. El Arte no debe interesarse y enjaezarse con nada de esto, y Caravaggio no se dejó enganchar fácilmente.

La maravilla también pasa por el escándalo. Ya hemos visto cómo Caravaggio disfrutaba dando escándalo con la elección de modelos y configuraciones.

Hoy, como entonces, el Arte está siempre comprometido en la búsqueda del escándalo. Para decirlo con toda sinceridad, el Arte debe dar escándalo para permitirnos pensar fuera de lo común y, lo que es más importante y esencial, cuestionar nuestras certezas.

Un Arte ético y moral no puede existir, porque no sería fiel a su esencia más verdadera y se convertiría en simple propaganda. En un mundo utópico, la moral sólo debería preocuparse por la política y la sociedad, mientras que la religión debería preocupar únicamente por la ética; no vivimos en una utopía, lamentablemente, y la religión a menudo también se ha dedicado a la moral.

Respetar lo políticamente correcto en el Arte y no tener que contravenir las reglas éticas y morales distorsiona el Arte hasta el punto de convertirlo en *escaparatismo*: el Arte sublime de presentar productos (que también puede ser un ideal) convirtiéndolos en una necesidad para quienes quedan cautivados por la belleza estética de la vitrina especialmente preparada para captar nuestra atención.

El Arte puede dedicarse al escándalo para ofrecer un punto de partida diferente para el pensamiento, pero también para la pura y simple diversión.

Qué hermoso es a veces crear reacciones de asombro en los demás y ver las consecuencias de ser provocadores. No tanto por el malestar que se puede notar en nuestros interlocutores sino por la posibilidad que se desata (en ocasiones) de poder discutir y ampliar la visión.

A los artistas se les debe otorgar una zona franca en la que se les permita todo, sin restricciones ni limitaciones. No debe haber juicios ni censuras por haber dañado el decoro de alguna ideología o por resaltar sus lados más débiles.

Lo que debe castigarse severamente, sin lugar a dudas, es la conducta social que incita a la violencia (verbal y física) así como la falta de respeto a las ideas diferentes.

No podemos pedirle al Arte que asuma una tarea educativa o formativa. No le corresponde a ella formar personas y mucho menos ofrecer un canal para acceder a la cultura. Sin embargo, lo que debe hacer el Arte es estimular el pensamiento y la sensibilidad del público.

Todos los poderes fuertes y establecidos (desde el político hasta el religioso) han explotado el poder evocador del Arte, convirtiéndolo en el canal privilegiado de propaganda y adoctrinamiento. Durante demasiado tiempo hemos pedido al Arte que nos cuente historias, cuando en cambio deberíamos haber pedido que nos ayuden a reflexionar y pensar.

En épocas más remotas, la implicación del Arte también sirvió para superar los límites que se crearon debido al alto nivel de analfabetismo. Hoy, sin embargo, a pesar de que el analfabetismo funcional es muy alto y decididamente preocupante, el Arte debe liberarse de este compromiso social (que a veces es también un pretexto puro y simple) y dedicarse a su verdadera misión: ver más allá.

Hoy, todavía con demasiada frecuencia, somos testigos de desafortunados incidentes de censura. Prohibir una expresión artística por ser irreverente es un delito real.

Incluso Miguel Ángel Merisi no quiso ceder por completo a esta tendencia respetable que quisiera un Arte más educado y menos escandaloso. Pudimos ver obras y leer poemas nacidos de su genio que eran francamente indignantes; hoy, sin embargo, quizás debido a la distancia cada vez mayor en el tiempo, somos menos intransigentes con él. Sus contemporáneos, sin embargo, estaban muy perturbados por sus provocaciones, tanto que llegaron a retirar obras y rechazarlas. Hoy, los rostros de las prostitutas para nosotros se han convertido en simples rostros de mujeres y ya no sentimos indignación. Sin embargo, imaginemos la *maravilla* de la época al tener que afrontar estas elecciones del artista.

Gritar escándalo es la forma más corta y fácil de evitar cuestionarse. Una de las muchas frases atribuidas a Oscar Wilde (esperando que sea realmente suya) dice:

¡El chisme es delicioso! La historia es solo un chisme.
Pero el escándalo es un chisme aburrido por la moral.

Es con pleno conocimiento de los hechos que se puede esperar con seguridad la proliferación de escándalos en el Arte; la forma más intensa y directa para que podamos impresionarnos, reflexionar y tal vez poder encontrar consuelo y solución entre las muchas dudas que pueden acecharnos en la vida diaria.

Escena V:
Las Minas del rey Salomón

Como hemos visto anteriormente, Miguel Ángel Merisi nunca quiso abrir su propia escuela y mucho menos rodearse de alumnos.
Bernard Berenson fue un destacado crítico de Arte estadounidense y, más que nadie, afirmó con gran claridad que

> *con la excepción de Miguel Ángel[24], ningún otro pintor italiano ejerció una influencia tan grande en los pintores posteriores.*

Un aspecto importante es el de la influencia que ha llevado a muchos artistas a seguir los pasos de Caravaggio. Como hemos visto, muchos pintores se han inspirado en su técnica pictórica, desarrollando a su vez una trayectoria y un lenguaje artístico.

Desafortunadamente, la fama del maestro lombardo ha alcanzado un nivel tan alto de aceptación pública que se ha vuelto muy popular en el mercado. Incluso la producción artística más rápida no pudo satisfacer todas las solicitudes del público en general y cuando esto sucede solemos recurrir a copias, que tienen un valor comercial menor y están disponibles en más copias. Hoy en día recurriríamos a litografías y grabados (de excelente mano de obra o baratos), en la época de Caravaggio eran los buenos falsificadores de autor (baratos, pero de gran efecto) los más populares.

Caravaggio siempre ha sido muy rígido con sus compañeros pintores:

> *Li valent'huomini sono quelli che si intendono della pittura et giudicaranno buoni pittori quelli che ho giudicato io buoni et cattivi; ma quelli che sono cattivi*

---

[24] Berenson obviamente se refiere a Miguel Ángel Merisi.

> *pittori et ignoranti giudicaranno per buoni pittori*
> *gl'ignoranti come sono loro²⁵.*

Ahora habría que entender cuáles eran los cánones para juzgar positivamente o negativamente a los demás pintores y además también en este caso podemos volver a confiar en las palabras del maestro milanés:

> *La parola valent'huomo appresso di me vuol dire che*
> *sappi far bene, cioè sappi far bene dell'arte sua, così in*
> *pittura valent'huomo che sappi dipingere bene et imitar*
> *bene le cose naturali²⁶.*

Es fácil entender las palabras de Merisi: los que hacen Arte usando la Naturaleza como modelo son buenos, los que usan otra cosa (las obras de otros pintores, por ejemplo) no son buenos.

Y aquí uno se preguntaría: ¿todos aquellos que han creado su carrera haciendo copias de obras existentes como los consideraría Caravaggio?

---

[25] Hombres valientes son los que entienden de pintura y juzgarán buenos pintores aquellos que yo he juzgado buenos y malos; pero los que son malos pintores e ignorantes juzgarán como buenos pintores a los ignorantes como ellos

[26] La palabra hombre valiente para mí significa que sabe hacerlo bien, es decir, sabe hacerlo bien en su arte, por eso en la pintura un hombre valiente que sabe pintar bien e imitar bien las cosas naturales.

Si consideramos que el artista es el que tiene que crear una fractura en el desenvolvimiento de la Historia (debería ser como esas masas enormemente pesadas del universo que logran desviar el camino de cualquier energía y objeto que pase cerca de ellas), podemos entender con bastante facilidad cuáles. es responsabilidad del verdadero artista y cuánto vale su trabajo.

A menudo, sin embargo, quien se presenta como artista no es más que una persona sin valor artístico.

Si el Arte es una de las expresiones más sublimes de la humanidad, el simple hecho de copiar las obras de otros nunca debería considerarse "hacer Arte". Esto obviamente se aplica a todas las expresiones artísticas; puede inspirarse, también puede volver a visitar un cuadro, una canción o una estatua, pero simplemente copiar sin poner el suyo es degradante.

Para ser sincero, el Arte de Caravaggio es una invitación a copiar y asentarse en sus ideas, porque hoy (más que nunca, a decir verdad) se vende muy bien.

Finalmente estamos listos para comprender su poética y estética y todo lo que se presenta bajo su égida es muy apreciado.

Para muchos Miguel Ángel Merisi representa una entrada fácil al mercado del Arte, a veces es suficiente copiar una de sus pinturas para ser considerados artistas.

Pero como sabemos, un artista debe brillar con su propia luz, no con la reflejada. Este avivamiento continuo sin carácter, si realmente tenemos que ser honestos, también es culpa de un público que quiere permanecer en la zona de confort de lo ya visto y ya entendido. Sabemos muy bien que las novedades no sólo son difíciles de entender, sino que a veces no se tiene la apertura mental adecuada para entenderlas; al menos no inmediatamente.

Sería realmente curioso saber qué pensaría Caravaggio de todas esos "copiadores en serie" que están presentes en el mercado. Conociendo su pensamiento y el lenguaje colorido que usaba en estos casos, creo que lo hubiera disfrutado, y mucho.

Hoy su marca se está vendiendo, pero esta es una situación relativamente reciente en comparación con lo que realmente se merecía.

Un deseo es ver florecer este camino trazado por el gran maestro milanés, pero de manera inteligente. Todos conocemos el viejo dicho popular de que siempre hay que intentar superar al maestro; lamentablemente debemos ser sinceros y no escondernos del hecho de que esta es la prerrogativa solo de aquellos estudiantes que tienen un valor considerable; el mediocre solo copia.

Hoy las Artes se encuentran a un cruce: ¿la nostalgia como fin en sí misma o la superación de la nostalgia? Aquellos con habilidades deficientes se limitan a una copia nostálgica del pasado que al comienzo de una carrera también puede traer un cierto beneficio económico (ya que es juzgado por una audiencia que siempre necesita ser tranquilizada con nostalgia por el pasado) pero luego cae inexorablemente en el abismo del olvido. Esto es lo que les pasó a los que copiaron en el pasado y, lamentablemente para ellos, les pasará a todos los copiadores seriales de hoy.

Quienes, en cambio, emprendan un camino de investigación en profundidad de los artistas del pasado, podrán recoger de lleno la estética y las semillas de ideas dejadas por los grandes maestros del pasado, que dan nueva fuerza a la vida del Arte.

Evidentemente, inventar desde cero en el mundo del Arte es bastante imposible, toda expresión y toda obra verdadera se fundamenta en el hombre y en la historia y expresa dudas, alegrías y dolores de la época que vivimos. Hoy las Artes están volviendo a las líneas clásicas, virtuosas y hermosas, pero no son frías y perfectas como Canova las quería.

El nuevo Arte está hecho de sangre y carne. Cada vez vemos más obras realizadas con técnicas sublimes imbuidas de fuertes emociones.

Caravaggio fue un precursor de esta forma de hacer Arte y, hoy, no solo estamos cosechando sus frutos copiosos, sino que asistimos a una nueva evolución del lenguaje artístico, que promete grandes emociones fuertes y contrastantes.

Finalmente, Caravaggio vive entre sus contemporáneos y dialoga con artistas que pueden entenderlo.

Alguien recibirá algunos fuertes reproches, porque sólo usará el buen nombre de Miguel Ángel Merisi para ganar dinero y crear un nombre sin tener que ser demasiado innovador, alguien más recibirá cumplidos y será recordado por el nuevo lenguaje que comenzó inspirándose a uno de los mayores maestros que ha tenido la historia del Arte italiano.

Para ser un verdadero artista es fundamental ser honesto consigo mismo, desnudarse en su trabajo y ofrecer al mundo su propia visión de la realidad, nada más complicado.

OSCURO. FIN.

PROSCENIO 5
ACTO UNO 7
   Escena I: Señoras y señores, el director 9
   Escena II: El misterio de un nombre 13
   Escena III: Un artista de carácter 19
   Escena IV: En el borde del centro de la sociedad 27
   Escena V: Un largo rastro de violencia 33
   Escena VI: Una vida en fuga 43
   Escena VII: La dirección teatral 47
   Escena VIII: El pintamonas 55
   Escena IX: ¡Hombre muerto caminando! 63
   Escena X: Como Oscar 77
ACTO DOS 83
   Escena I: La luz creadora 85
   Escena II: Negro magistral 91
   Escena III: Los mendigos 97
   Escena IV: Esa Virgen que todos conocían 103
   Escena V: Un poco de chisme 111
   Escena VI: La cuadratura del círculo 119
   Escena VII: La influencia del Poder 125
   Escena VIII: La orden de Caravaggio 131
ENTRE BASTIDORES 143
   Escena I: El diseñador 145
   Escena II: El Arte de los caprichos 151
   Escena III: La influencia de Borromeo 157
   Escena IV: ¡Escándalo! 165
   Escena V: Las Minas del rey Salomón 173

www.ingramcontent.com/pod-product-compliance
Lightning Source LLC
Chambersburg PA
CBHW030632220526
45463CB00004B/1493